말은 임팩트다

말은 임팩트다

초판 1쇄 발행_ 2013년 7월 10일
초판 3쇄 발행_ 2014년 2월 17일

지은이_ 한근태
펴낸이_ 이성수
주간_ 박상두
편집_ 황영선, 이홍우, 박현지
디자인_ 이세영
마케팅_ 이현숙, 이경은
제작_ 박홍준
인쇄_ 천광인쇄

펴낸곳_ 올림
주소_ 110-999 서울시 종로구 신문로1가 163 광화문오피시아 1810호
등록_ 2000년 3월 30일 제300-2000-192호(구:제20-183호)
전화_ 02-720-3131
팩스_ 02-720-3191
이메일_ pom4u@naver.com
홈페이지_ www.ollim.com

값_ 13,000원
ISBN 978-89-93027-44-0 03320

※ 이 책은 올림이 저작권자와의 계약에 따라 발행한 것이므로
　본사의 허락 없이는 어떠한 형태나 수단으로도 이 책의 내용을 이용하지 못합니다.
※ 잘못된 책은 구입하신 서점에서 바꿔드립니다.

이 도서의 국립중앙도서관 출판시도서목록(CIP)은 서지정보유통지원시스템 홈페이지(http://seoji.nl.go.kr)와 국가자료공동목록시스템(http://www.nl.go.kr/kolisnet)에서 이용하실 수 있습니다.(CIP제어번호 : CIP2013010183)

말은 임팩트다

한근태

머리말

사람을 바꾸는 말의 힘

오랫동안 말, 커뮤니케이션, 회의, 소통 등에 관심이 있었다. 수년 전에 쓴 《리더의 언어》는 그러한 관심의 결과물이다. 그 책은 많은 사랑을 받았다. 이후에도 말을 중심으로 끝없는 질문과 관찰이 이어졌다. 특히 말이 빚어내는 다양한 상황과 행동 변화에 주목했다.

말은 곧 그 사람이다. 말하는 걸 보면 그 사람이 어떤 사람인지 알 수 있다. 식당 종업원에게 자연스럽게 반말을 하는 사람이 있다. 권위적인 사람일 가능성이 높다. 걸핏하면 트집을 잡는 사람은 교만한 사람이다. 막말을 하거나 독설을 퍼붓는 사람은 내면에 화와 불만이 가득한 사람이다. 단정적으로 말하기를 좋아하는 사람은 고집이 세고, 시간만 되면 자랑을 늘어놓는 사람은 열등감이 있는 사람이다.

나는 싸이를 좋아한다. 그의 솔직함 때문이다. 그가 부른 노래 '청개구리'의 가사를 보면 그가 어떤 사람인지 대번에 알 수 있다. 그가 바로 청개구리다.

"살면서 가장 많이 들었던 말 / 너 그러다 뭐 될래 / 살면서 가장 많이 하고픈 말 / 내 알아서 할게 / 그래 나 청개구리 / 그 누가 제 아무리 뭐라 해도 / 나는 나야"

생긴 대로 살 테니까 제발 자신을 가만 놔두라는 말이다.

그는 "매도 먼저 맞는 게 낫다. 망하는 선택은 상관없지만 후회하는 선택은 사절"이라는 말도 했다. 망하는 한이 있어도 후회는 않겠다는 말이다. 과연 그는 자신의 생각대로 말하고 거침없이 행동했다. 그리고 2012년 '강남스타일'을 부르며 세계적인 스타로 떠올랐다.

말에는 사람을 움직이는 힘이 있다. 평소 자주 쓰는 말대로 인생이 흘러간다. 오른쪽으로 가라고 하면 오른쪽으로 가고, 왼쪽으로 가라고 하면 왼쪽으로 간다. 자신에게 하는 말도 그렇고 주변 사람에게 하는 말도 그렇다. 지금 내 모습은 과거에 내가 한 말들의 총합이다. 미래의 내 모습도 지금 내가 하는 말들의 결과일 수밖에 없다. 그만큼 말의 힘은 대단하다. 말이 씨가 된다는 말은 괜히 나온 말이 아니다.

개그우먼 이성미는 그런 말의 힘을 깨닫고 이를 실천해 효과를 본 사람이다. TV에 출연한 그녀가 속을 썩였던 아들 얘기를 했다.

"걔가 17살 때까지 저는 욕을 많이 했어요. 정신 나간 놈, 거지 같은 놈…. 그러다 어느 순간 아들이 내 말대로 거리에서 정신이 나간 채 살면 어떻게 할까 하는 생각이 들었습니다. 그래서 아들 방에 가서 미안하다고 얘기했습니다. 정말 사과를 하고 싶었습니다. 그래서 아들 앞에 무릎을 꿇었지요. 그리고 그동안 엄마가 너무 미안하다, 잘못했다, 엄마를 용서하라고 했습니다. 이후 아들이 변하기 시작했습니다. 난생 처음으로 공부를 시작했습니다. 동생들이 저한테 와서 '엄마, 이상해. 오빠가 공부를 해'라는 얘기를 했습니다. 엄마가 변하자 아들이 변하기 시작한 겁니다."

엄마의 말에 아들이 변하게 된 것이다.

리더가 조직을 움직이는 것도 말의 힘에 의해서다. 말 한마디로 구성원들에게 용기를 주고 의욕을 불러일으킨다. 반대로 완전 패잔병 같은 조직을 만들 수도 있다.

말은 곧 생각이다. 생각이 겉으로 드러난 실체가 말이다. 그렇기 때문에 말보다 먼저 생각을 조심해야 한다. 생각을 정리해야 한다. 혁신 기업의 대명사 고마쓰의 사카네 마사히로 회장은 이렇게 말한다.

"회사가 어떤 방향으로 나아가야 할지, 직원들이 무엇을 해야 할지를 말로 제시해야 합니다. 경영 방침을 직원들이 마음속으로 납득할 수 있도록 해야 합니다. 이를 위한 도구는 말이 유일합니다. 리더에게 언어는 생명입니다. 말의 힘이라는 것은 말로 표현하기 전 단계와 표현한 후 행동을 포함합니다. 즉 사람의 말이 움직이는 힘이 되려면 말하기 전에 현실을 잘 파악해야 합니다. 말로 표현한 후에는 그것을 실천하는 게 요구됩니다. 파악하고, 말하고, 실천하는 삼위일체가 핵심입니다."

그는 말의 힘을 정확하게 이해하는 사람이다.

암을 일으키는 2가지 원인은 저체온증과 저산소증이다. 피와 산소가 제대로 공급되지 않을 때 병이 생긴다. 둘 다 몸 안에서 소통이 원활하지 않을 때 일어나는 현상이다. 조직도 마찬가지다. 자기 의견을 제대로 얘기할 수 없고, 소통 채널이 없을 때 조직에 암세포가 생긴다. 유비통신이 난무하고 본래 뜻과는 다른 오해가 생긴다. 원활한 소통만이 이를 없앨 수 있다.

  이 책이 말의 힘을 새롭게 인식하고 생활에서 실천함으로써 개인과 조직의 원활한 소통에 작은 기여를 할 수 있기를 바란다.

한근태

차 례

머리말 : 5
사람을 바꾸는 말의 힘

1 언어의 빛과 그늘

'오히려' 군수님 17
칭찬에 춤춘 고래는 어떻게 되었을까 22
세상에서 제일 미운 사람 26
이런 문자, 솔직히 불쾌합니다 31
젊은이들은 왜 건강 이야기를 하지 않을까 35
말, 할 때와 하지 말아야 할 때 39

2 말을 하려면 **임팩트** 있게 하라

비유하라, 임팩트가 생긴다 — 45
대비하라, 임팩트가 강해진다 — 53
본질을 꿰뚫어라, 통쾌한 임팩트를 남긴다 — 57
모순어법을 활용하라, 메시지가 살아난다 — 61
재치, 그 기막힌 반전의 미학 — 65
명품을 만드는 언어의 이종결합 — 74

3 강렬한 **스피치**는 무엇이 **다른가**

시처럼, 광고처럼 — 81
2000번 강연에서 얻은 깨달음 — 85
강연이 잘되는 날 — 98
대한민국 국회, 왜 소통이 안 될까 — 102
성공하는 스토리텔러는 무엇이 다른가 — 107
침묵의 힘 — 111

4 생활을 지배하는 대화의 기술

대화는 탁구다	117
대화의 테러리스트들	121
뜨거운 대화는 어떻게 가능한가	126
상대가 말할 때 내가 해야 할 일	130
어쩌다 다치셨어요? vs 얼마나 아프셨어요?	134
싸우지 않는 부부의 비결	138
대화에 불을 붙이는 '리액션'	143
가족의 대화는 모두 어디로 갔을까	147
왜 사람들은 점쟁이를 찾을까	151

5 질문이 답이다

혁신을 일으키는 위대한 질문	157
질문하라, 얻을 것이다	162
질문에는 순서가 있다	167
인터뷰로 덕 보는 사람은 누구일까	172
전문가의 뻔한 답변, 도대체 왜?	176
성공 인터뷰를 위한 체크리스트	178
최고의 인터뷰어는 끄집어낸다	180

6 살아 있는 **조직의 언어**, 죽어가는 **조직의 언어**

정직의 힘	187
모든 진실은 이 길로 통한다	192
건강한 갈등을 허(許)하라	198
'반응'하는 사람이 인정받는다	203
피드백의 생명은 속도	208
기분 좋은 격려는 '거리'를 찾는다	212
갈등 해결의 키포인트 '마음의 문'	217
리더가 가장 조심해야 할 것	225
무엇이 의사결정을 완벽하게 하는가	229
조직의 건강진단서를 체크하라	233
우리는 아직도 서로를 그리워한다	237
사장실의 위치를 보면 회사 견적이 나온다	241

1

언어의 빛과 그늘

IMPACT OF WORDS

'오히려' 군수님

등에 매달린 배낭이 점점 무거워졌다. 산 정상에서 세상을 내려다보며 느꼈던 희열은 어디론가 사라졌고, 나는 어느 새 앞섶을 풀어 헤친 채 터덜터덜 집을 향해 걷고 있었다. 지친 모습으로 등산모를 눌러 쓰고 횡단보도 앞에 서 있었는데, 옆에 서 있던 한 아주머니가 반갑게 웃으며 내게 말을 건네왔다.

"어머! 안녕하세요? 등산 다녀오시나 봐요?"

그런데 기억이 가물가물했다. '도대체 저 아주머니를 어디서 봤지?' 내가 아무 대답을 못하고 얼굴이 붉어진 채 머리만 쓸어내리자 그 아주머니는 "기억이 안 나시나 봐요. OO은행 앞에 있는 청실홍실 모르세요?" 하는 게 아닌가. 그 말을 듣자 비로소 분식점 주방에 있던 아주머니 모습이 머리를 스치고 지나갔다.

어느 봄날, 나는 허기를 달래기 위해 개업축하 화환이 늘어서 있는 한 분식점에 들어갔다. 시루떡 한 조각이 비빔밥과 함께 나왔다. 빨간 비빔밥과 구수한 국물이 황홀했다. 식사를 마치고 배가 부르니 세상마저 넉넉해 보였다. 나는 만족스러운 얼굴로 계산을 하며 한마디 했다.

"음식이 아주 맛있네요! 자주 와야겠어요."

그 후 10년이 흘렀다. 알고 보니 그 부부는 어렵게 과일노점상을 하다 천신만고 끝에 모은 돈을 밑천으로 분식점을 개업했던 것이다. 음식 솜씨에 자신 없던 부부는 개업 첫 손님으로 나를 맞았고, 그 첫 손님으로부터 '맛있다'는 칭찬을 듣고는 용기를 얻었단다. 부지런히 일한 결과, 지금은 시내 변두리에 5층짜리 건물까지 지었다고 했다. 새로 지은 건물에 입주하던 날 남편은 영업 첫날 불안을 말끔히 씻어주었던 첫 손님, 즉 내 이야기를 했다는 것이다.

아주머니는 웃음 가득한 얼굴로 자기 집에 들러 차 한 잔 하기를 권했다. "비빔밥이 맛있다"고 했던 내 말 한마디가 그 부부에게 큰 희망의 선물이 되었던 것이다. 생각지도 못한 흐뭇한 일이다.

오래전 〈샘터〉라는 잡지에서 읽은 글이다.

정말 말이 중요하다. 말은 곧 그 사람이다. 말하는 것을 보면 그 사람이 어떤 사람인지 알 수 있다. 그 사람의 미래까지 알 수 있다. 긍정적인 말, 남을 존중하는 말, 축복의 말을 쓰는 사람의 미래는 밝다. 반대로 부정적인 말, 저주의 말, 악성 댓글을 수시로 다는 사람의 미래는 밝지 않다.

'말' 하면 떠오르는 사람이 이석형 전 함평군수다. 지금은 나비축제로 유명해졌지만 함평이란 곳은 무미무취한 곳이었다. 내세울 것도, 자랑할 것도 없었다. 당시 그곳 공무원들이 제일 많이 사용하는 말은 '어차피'와 '차라리'였다. 자조적인 말이다. 이 군수는 그 말이 너무 듣기 싫었다. 생각이 말을 바꿀 수도 있지만, 말이 생각을 바꿀 수도 있다고 생각했다. 그는 직원들에게 부정적인 말 대신 긍정적인 말을 사용하자고 제안했다. 직원들이 어차피란 말을 할 때마다 이렇게 덧붙였다. "옳은 말씀입니다. 다 경험에서 우러나온 말이겠지요. 하지만 다음부터는 '어차피, 차라리'란 말 대신 '도리어, 오히려'란 단어로 바꾸어 말씀해주세요"라고 부탁했다. 하지만 그런 말버릇이 하루아침에 고쳐질 리 없었다. 그는 끈질기게 반복하고 밀어붙였다. 그러자 '오히려 군수님'이란 별명이 붙었다.

"헌디, 오히려 군수님은 오늘 안 보이시네?"

"누가 아니래? 오히려 군수님은 오히려 하느라 오히려 바쁘당께."

이렇게 장난삼아 붙이기 시작한 오히려란 말투가 직원들 사이에 유행어가 되었다. 근데 참 이상한 일이었다. 장난처럼 아무 생각 없이 쓰기 시작한 오히려란 말이 마음을 유쾌하게 만들고 절망에서 희망을 주었다. 그 말을 하면서 사람들 표정도 밝아졌다.

말이 씨가 된 검사의 구속

얼마 전 모 검사가 뇌물수수 혐의로 구속되었다. 하도 그런 경우가 많아 별 생각 없이 있었다. 근데 어느 모임에 나갔다가 그 검사에 대한 이야기를 들었다. 검사는 지인 중 한 사람을 몇 년간 못 살게 굴었던 장본인이었다. 지인은 시민운동을 오래 한 청렴한 사람인데, 검사가 그에게 뇌물수수 혐의를 뒤집어씌운 뒤 주변 사람들을 다 불러다 조사를 한 것이다. 근데 이랬다는 것이다.

"난 당신이 뇌물 받은 거 다 알아. 내가 어떻게 해서든 당신을 사회에서 매장시킬 거야!"

그와 가까운 사람이 결론을 내렸다.

"자기가 그렇게 행동하니까 모든 사람을 그렇게 보네요. 사회에서 매장을 시킨다고 큰소리를 치더니 결국 자신이 매장을 당했네요. 참 말이 무섭지요."

정말 말이 무섭다. 중요하다. 말이 곧 사람이다. 그 사람이 말하는 것을 보면 그 사람의 미래까지 볼 수 있다. 그래서 말을 조심해야 한다. 긍정적인 말, 축복의 말, 고운 말을 골라 써야 한다.

"말은 생각을 담는 그릇이다. 생각이 맑고 고요하면 말도 맑고 고요하게 나온다. 생각이 야비하거나 거칠면 말도 또한 야비하고 거칠게 마련이다. 그러므로 그가 하는 말로써 그의 인품을 엿볼 수 있다. 그래서 말을 존재의 집이라 한다."

  법정 스님의 말이다. 당신이 가장 많이 쓰는 말은 무엇인가?

칭찬에 춤춘 고래는 어떻게 되었을까

'칭찬은 고래도 춤추게 한다'고 한다. 나는 이 말에 반은 동의하고 반은 동의하지 못한다.

어떤 상사가 늘 특정 직원만 칭찬했다. 그 직원에게 소감이 어떤지를 물으니 이렇게 답한다.

"칭찬하는 게 하나도 반갑지 않아요. 다른 직원들로부터 왕따만 당해요. 일을 잘했다면 칭찬만 할 게 아니라 뭔가 물질적인 보상이 있어야 할 것 아닙니까. 내가 무슨 어린애도 아니고. 그저 돈 주기 싫으니까 말로 때운다는 생각이 들어요. 요즘은 칭찬받을 때 짜증이 나요."

사람 사는 사회에서 칭찬은 중요하다. 하지만 진정성이 결여된 칭찬, 과도한 칭찬, 뭔가 의도가 있는 칭찬은 오히려 위험하다. 《내 인생 나를 위해서만》의 저자 라인하르트 슈프렝어는 칭찬의 속성에 대해 이렇게 갈파한다.

칭찬은 공허하다. 뭔가 실질적인 것을 기대하기 어렵다. 대부분 말뿐이다. 게다가 사람을 오도한다. 스스로를 과대평가하게 만들거나 잘못된 겸손으로 이끈다. 칭찬은 사람을 무기력하게 만든다. 칭찬받던 사람이 칭찬을 못 받으면 무기력하게 된다. 무엇이 옳고 그른지를, 남이 나를 대신해 결정하기 때문이다.

칭찬에는 평가가 선행한다. 칭찬은 대개 위에서 아래로 내려온다. 칭찬은 평가 관계이고 계급 구조다. 아랫사람이 윗사람을 칭찬하는 장면을 생각해보라. 사장은 속으로 이렇게 생각할 것이다. '건방지게, 내 일을 평가하다니. 지가 뭐야….' 이렇듯 칭찬은 비대칭적이다. 자립성이 없고 남의 평가에 의존하는 사람을 양산한다.

칭찬에는 대부분 의도가 있다. 사장이 실컷 부하직원의 성과와 역량을 칭찬했다. 그리고 이런 말을 했다.

"우리 회사에 믿을 사람은 자네밖에 없네. 바쁘겠지만 이 급한 프로젝트도 자네가 맡아주게."

누가 이 말을 거절할 수 있을까? 칭찬에는 어떤 의도가 숨어 있나. 무언가 바라는 것이 있다. 칭찬으로 뭔가를 얻는 사람은 바로 칭찬하는 사람이다. 싸구려 옷도 잘 어울린다고 마구 칭찬을 함으로써 가장 이익을 얻는 사람은 바로 남편이다. 앞으로도 부인은 비싼 옷 대신 싼 옷을 살

것이기 때문이다.

또한 칭찬은 자유를 빼앗아간다. 뺀질이 동료가 있다. 그는 자신이 할 일을 남에게 미룬다. 동료들은 뺀질이 일을 대신하느라 등골이 휜다. 뺀질이는 시간이 날 때마다 공개석상에서 동료들을 칭찬한다. 그래야 앞으로도 계속 멍청한 동료들이 자기 일을 하리란 것을 알기 때문이다. 그는 칭찬으로 동료를 옭아매는 것이다. 늘 입에 발린 소리를 하는 사장도 비슷한 이유 때문이다. 김 부장이 작년에 이어 올해 최고의 실적을 올렸다, 누구 덕분에 회사가 발전을 했다며 공식석상에서 마구 비행기를 태우지만, 말뿐이다. 물질적 보상 없이 말로 때운다. 그때 하는 칭찬은 진정한 칭찬이 아니다. 이런 칭찬은 받을수록 기분이 나쁘다. 그렇지만 칭찬을 하는데 뭐라 할 수는 없다. 칭찬이 자유를 빼앗기 때문이다. 지그문트 프로이트의 말처럼 "비판에 대해서는 방어가 가능하지만 칭찬에 대해서는 무기력할 수밖에 없기" 때문이다.

==칭찬에는 중독 현상이 있다. 모든 것을 다 가진 것처럼 보이는 연예인들이 쉽게 좌절하고 심지어 자살하는 이유 중 하나는 칭찬중독 현상 때문이다.== 어려서부터 대중의 환호에 익숙한 이들은 이를 당연시 여긴다. 관심이 적어지는 것을 두려워한다. 그러다 대중의 관심이 식으면 어찌할 바를 모른다. 우리 주변에도 칭찬중독 현상을 보이는 사람들이 있다. 젊은 나이에 출세한 사람, 한 번도 어려움을 겪지 않고 승승장구한 사람, 갑 생활을 오래 한 사람이 그렇다. 어린 시절부터 떠받들어지는 생활을

오래 한 사람들도 비슷하다. 이들은 주변의 관심이 소홀해지면 알코올 중독자처럼 손을 떨면서 갈팡질팡한다. 늘 모든 사람이 자신에게 환호를 해야 기뻐하고, 다른 사람에게 관심을 가지면 분노하고 적개심까지 보인다. 그 사실을 못 참고 시기하고 질투한다.

위험한 칭찬중독에서 벗어나려면

그렇다면 어떻게 해야 할까? 칭찬은 하지도 말고 받지도 말아야 할까? 그렇지 않다. 무엇보다 칭찬에 일희일비하지 말아야 한다. 타인의 칭찬보다 중요한 것은 자기 일에 대한 자부심이다. 자신이 생각하고 결정하는 일이 다른 사람의 칭찬보다 더 중요하다. 글을 쓰는 것도 그렇다. 다른 사람의 격려와 칭찬이 힘이 되는 것은 사실이지만 글을 읽고 내가 만족하는 것이 더 중요하다.

칭찬에 중독되면 자기가 하기 싫은 일도 칭찬 때문에 할 수 있다. 참으로 위험한 일이다. 남의 평가에 연연하는 것은 자기 차의 운전석에 다른 사람을 앉혀놓고 뒷자리에 앉아 있는 것과 같다. 불안한 상태로 끌려갈 수밖에 없다. 혹시 내게 칭찬중독 현상이 있지 않은지 곰곰 돌아볼 일이다.

세상에서 제일 미운 사람

말의 단골 메뉴 중 하나는 자랑이다. 근데 원칙이 있다. 자신에 대한 자랑은 최소화하고, 남에 대한 자랑은 최대화하라는 것이다. 남들 앞에서 자신이 얼마나 잘났는지를 길게 이야기하는 것만큼 듣기에 지루한 일도 없다. 잠시는 들어줄 수 있어도 인내심을 필요로 한다.

얼마 전 어느 교수의 강의를 들은 적이 있다. 처음부터 끝까지 자기 자랑이다. 먼저, 마누라 자랑이다. 마누라도 교수인데 자기보다 더 유능하단다. 주로 해외에서 알아주기 때문에 보기가 어렵단다. 그런 유능한 부인이 자기를 찍어 결혼했으니 자기는 정말 대단한 사람이라는 이야기다. 둘째, 자신이 얼마나 거물들을 많이 아는지를 주절주절 늘어놓는다. 모 회장과 저녁을 먹었고, 자기 학생을 모 회장에게 추천했고, 그 회장이 자기 강의를 듣고 싶어 하고…. 셋째, 자기가 얼마나 인기 있는 강사인지, 그래서 얼마나 피곤하게 사는지를 떠벌린다. 한 달 내내 강의 때문에 입술이 터졌단다. 어제도 지방 강의를 마치고 새벽에 올라왔단다. 왜 그렇게 대한민국 사람들이 자기를 원하는지 모르겠단다. 마치 국가와 민족을 위해 일을 하는 사람 같다. 넷째, 학생에 대한 무한한 사랑이다. 국내에서 자기만큼 학생을 사랑하는 사람은 없단다. 물론 학생들도 자기를 끔찍이 사랑한단다. 교수생활이 힘들어 그만두고 싶은데 학생들이 눈에 밟혀 그만둘 수가 없단다. 다섯째, 교수직 외에 맡고 있는 일에 대한 자랑이다. 자기는 바빠서 도저히 그 일을 하고 싶지 않은데 하도 그쪽에서 자기를 원해서 할 수 없이 그 일을 한단다.

다른 사람들도 그렇게 생각할까? 강사들의 세계는 바닥이 좁아서 한 다리만 건너면 그 사람에 대한 평을 들을 수 있다. 그런데 그 사람 이야기와는 완전 반대다. 특히 학생들이 제일 혐오하는 교수고 거의 왕따에 가깝단다. 자신에 대해 그렇게까지 착각하며 살 수 있다는 것 자체가 놀랍다. 표정으로 봐서는 정말 그렇게 생각하며 사는 것 같다. 본인은 행복하겠지만 주변 사람은 참 힘들겠다는 생각을 하게 된다.

자랑은 인간이 가진 가장 강력한 욕구 중 하나다. 그 정도면 충분할 것 같은데 계속 사세를 키우는 사장님에게 사업하는 목적을 물어봤더니 "폼 잡고 싶어서요"라고 답한다. 솔직한 답변이다. 욕을 바가지로 먹으면서도 계속해서 언론매체에 등장하는 교수도 그 밑바닥에는 '자신이 얼마나 똑똑한 사람인지' 보여주고 싶은 욕망이 자리하고 있다. 사람들이 SNS에 올리는 글들도 대부분 자랑에 관한 내용들이다. 나 해외에 나왔다, 가족과 이렇게 사이가 좋다, 맛난 것 먹는다… 하면서 '나 이렇게 괜찮은 사람이다. 부럽지?'라고 자신을 드러내고 싶은 것이다. 만약 SNS에서 '자랑을 하면 안 됩니다. 자랑하면 자동 삭제됩니다'라는 경고문이 뜨고 자랑에 관한 글이 가차없이 삭제된다면 SNS에서 살아남을 글은 거의 없을 것이다. 그만큼 자랑은 억제하기 힘든 욕망이다. 지금 글을 쓰는 나 자신도 저변에는 나 잘났다고 자랑하려는 마음이 있을 것이다.

하지만 자랑은 조심해야 한다. 자칫 상대 기분을 상하게 할 수 있다. 친구에게 밥 한 번 사지 않으면서 자기가 얼마나 돈이 많은지를 자랑하는 사람은 위험하다. 때와 장소를 가리지 않고 무턱대고 하는 것도 자제해야 한다. 그래서 요즘에는 '자랑질'이란 말까지 등장했다. 듣기 싫다는 말이다. 자랑에 관한 뼈 있는 농담도 나왔.

"세상에서 제일 미운 놈은? 자기 자랑을 하는 놈. 더 미운 놈은? 잘난 놈이 잘난 척하는 놈."

고전에도 자랑에 관한 경고의 글이 많다. "내일 일을 자랑하지 마라. 하루 동안에 무슨 일이 일어날지 네가 알 수 없음이라", "남이 알아주지 않아도 연연하지 않을 수 있는 게 대인이다. 억지로 공을 내세우지 말라. 공은 내세우는 순간 날아가버린다. 진짜 금은 도금할 필요가 없다"

등등. 하지만 어디 그게 쉬운 일인가? 한 개를 하고도 열 개 한 것으로 알아주기를 바라는 것이 우리 같은 사람들의 심정이니 말이다.

유쾌한 자기 자랑법

자기 자랑이 꼭 나쁜 것만은 아니다. 잘만 하면 귀여움을 받을 수 있다. 김정운 교수가 그 방면에는 발군이다. 김 교수만큼 노골적으로 자랑을 하는 사람은 찾아보기 어렵다. 이런 식이다.

"대한민국에서 저 같은 교수는 찾아보기 어렵습니다. 강의가 되면 글이 안 되고, 글이 되면 강의가 안 되는데, 전 강의도 되고 글도 되고 거기다 얼굴까지 받쳐줍니다."

이런 말도 자주 한다.

"강의 중 제 자랑을 많이 할 겁니다. 조금 힘들 수 있습니다. 그래도 참아야 합니다. 그만큼 제가 잘났기 때문입니다."

그런데 그는 마지막에 이런 말을 한다.

"이렇게 잘난 사람이지만 마누라와 애들한테는 꼼짝 못합니다. 이런 말 했다는 걸 알면 마누라가 잡아먹을 듯이 째려볼 겁니다."

다들 뒤집어진다. 그렇게 시간만 나면 자기 자랑을 하지만 그가 밉지 않은 것은 자신을 객관적으로 보고 있기 때문이다. 실제의 그 사람과 그가 생각하는 자신 사이의 거리가 좁기 때문이다.

자랑에 관한 글을 쓰고 있는 나는 어떨까? 우리 딸들은 나를 '자랑쟁이'라고 놀린다.

이런 문자, 솔직히 불쾌합니다

◐

　살다 보면 누구나 가끔은 황당한 일을 당한다. 얼마 전 나도 그런 일을 겪었다.
　어느 유명 인사의 출판기념회에 가서 지인을 만난 적이 있다. 유명 인사와 결혼한 여자분인데 미인이고 제법 알려진 사람이다. 모임에서 몇 번 만나 단체로 밥을 먹기는 했으나 개인적으로 이야기를 나눈 기억은 없다. 그런데 보자마자 호들갑을 떨면서 반가워한다. 내 자리는 다른 곳이었는데 자기 옆자리가 비었다며 굳이 나를 그 자리에 앉으라고 권했다. 당황하긴 했지만 거절할 수 없어 하자는 대로 했다. 미인이 그러는 것이라 기분이 나쁘지도 않았다. 나는 일이 있어 중간에 나와야 했는데 자기도 일이 있다며 같이 따라 나왔다. 우연히 가는 방향이 같았고 자기 차를 타라고 권유해서 차까지 얻어 탔다. 내리려는데 아는 사람 이름을 대며 같이 밥이나 먹자고 했다. 나도 대수롭지 않게 그러자며 헤어졌다. 하지만 그녀와 밥을 먹을 사이는 아닌 것 같아 가만히 있었다. 한동안 잊고 지냈다.

  몇 달 후 몇 사람이 모인 자리에서 그녀를 또 만나게 되었다. 근데 이번에는 표정이 좋지 않았다. 별로 반가워하는 것 같지도 않고 매우 사무적이었다. 무슨 속상한 일이 있었구나 생각하고 신경 쓰지 않았다. 그날 모임은 재미가 없었다. 공통점이 없는 사람들이 모인 데다 그녀를 비롯해 다른 사람들도 심드렁했기 때문이다. 모임이 끝난 후 공교롭게 가는 방향이 같아 또다시 그녀의 차를 타게 되었다. 그런데 자리가 바뀌었다. 지난번에는 옆자리였는데 이번에는 뒤에 앉으라고 했다. 하지만 여럿이 있을 때와는 태도가 달라졌다. 자기가 얼마나 음악을 좋아하는지 상냥하게 이야기하며 즐겨 듣는 곡을 여럿 소개했다. 클래식도 있었고 팝송도 있었다. 거의 전문가 수준이란 생각이 들었다. 난생 처음 듣는 종류의 음악이라 감동이 컸다. 내가 무슨 음반이냐고 물었더니 나중에 알려주겠단다. 그리고 헤어졌다.

  며칠 후 그 음반 제목이 궁금했다. 그래서 문자를 보냈다. 대충 이런 내용이다.

  "지난 번 소개해주신 음악이 너무 좋았습니다. 제목 좀 알려주세요. 참, 언제 식사 한번 해요."

한나절이 지나서 답신이 왔다.

"솔직히 이런 문자 불쾌합니다. 무슨 의도로 이런 문자를 보내나요? 앞으로 이런 문자 삼가주세요."

의도는 무슨 의도? 내가 뭘 어떻게 했다고 이러시나? 황당하단 표현은 이럴 때 쓰는 것 같다. 이 상황을 어떻게 해석해야 할까? 이럴 땐 어떻게 대응해야 할까? 그녀는 왜 별 내용도 없는 문자에 이렇게까지 불쾌한 반응을 보일까? 나는 이해도 해석도 할 수 없었다. 그래서 지인 몇 사람에게 이야기를 하고 의견을 부탁했다. 그랬더니 여러 해석이 나왔다. 첫째, 그녀가 밥을 먹자고 했을 때 바로 밥을 먹었어야 했다. 바로 반응이 없으니까 공주과인 그녀의 자존심이 상한 것이다. 둘째, 그녀는 황후마마라 늘 세상을 자기중심으로 생각한다. 세상 모든 남자들은 자기에게 목을 맸다. 그러다 보니 별 생각 없는 내 문자도 '올 것이 오고야 말았구나. 너도 별 수 없이 내게 유혹의 손길을 보내는구나'라고 해석한 것이다. 셋째, 요즘 그녀는 상태가 좋지 않다. 모든 것을 삐딱하게 본다. 세상 모든 사람이 다 싫다.

진실이 뭔지는 모른다. 알고 싶지도 않다. 앞으로 볼 일도 없을 것이다. 하지만 그녀는 밖에 나가 내 이야기를 할 가능성이 높다. "그 사람 완전 바람둥이예요. 몇 번 봤다고 내게 작업을 걸지 뭐예요. 참, 가소로워요"라는 식으로 말이다.

그렇더라도 내가 할 수 있는 일은 없다. 억울해도 할 수 없다. 그러면서 문득 신정아 씨의 자서전 생각이 났다. 읽어보지는 않았지만 남자들이 자신을 꼬시기 위해 애를 썼다는 내용이 들어 있는 걸로 안다. 예전에 총리를 지냈던 사람도 완전 호색한처럼 그려졌다. 사실이든 아니든 등장인물들이 일일이 대응하기는 불가능할 것이다. 하지만 그들 중에는 나처럼 억울한 사람도 분명 있을 법하다.

이번 일을 계기로 나는 한 가지 교훈을 얻었다. 쓸데없이 이 사람 저 사람 만나지 말자. 귀인을 만나 좋은 경우도 있지만, 잘못된 사람을 만나 구설에 오를 수도 있다. 오얏나무 밑에서는 갓끈을 고쳐 매지 말아야 한다.

젊은이들은 왜 건강 이야기를 하지 않을까

군대 시절, 젊음 때문인지 자주 배가 고팠다. 특히 저녁을 일찍 먹고 늦게까지 근무할 때의 시장기는 참기 어려웠다. 그럴 때면 우리들은 주로 사회에서 먹었던 음식에 대한 이야기를 했다. 어디에 곱창집이 있는데 지글지글 곱창을 굽고 거기에 소주 한 잔을 곁들이면, 라면을 끓여 파를 송송 썰어 넣고 계란을 탁 풀면, 비 오는 날에 김치전을 먹으며 만화책을 보면…. 정말 그때처럼 음식에 대한 이야기를 많이 한 적이 없다. 하지만 음식 이야기를 많이 한다고 시장기가 달래지진 않았다. 오히려 배만 더 고팠다.

사람들은 이미 갖고 있는 것에 대해서는 이야기하지 않는다. 주로 없는 것을 그리워하고 거기에 대해 이야기를 많이 한다. 건강이 대표적이다. 젊은이들은 건강에 대해 이야기하지 않는다. 건강하기 때문이다. 나이가 들수록 건강에 대한 이야기를 많이 하게 된다. 그만큼 건강에 자신이 없다는 이야기다. 음담패설도 그렇다. 젊은이들은 음담패설을 하지 않는다. 나이가 들수록 음담패설을 많이 한다. 관심은 있지만 제대로 할 수 없기 때문이다. 노총각은 모이면 여자 이야기를 한다. 그런다고 초절정 미녀가 나타나진 않는다. 사람들은 아쉬움을 입으로 푼다. 그것이 본성이다.

왕년에 자신이 얼마나 잘나갔는가를 반복해서 떠드는 사람은 지금은 별 볼일 없다는 사실을 광고하는 것과 같다. 지금 잘나가는 사람, 삶에 자신이 있는 사람은 굳이 자신을 드러내려고 하지 않는다. 필요성을 느끼지 않기 때문이다.

정말 사랑하는 부모 자식 간에는 사랑에 대한 말이 필요 없다. 이심전심으로 이를 알고 있기 때문이다. 말로 "내가 너를 얼마나 사랑하고 위하는데 어떻게 이를 모를 수 있느냐?"고 따진다면 자신이 제대로 사랑하지 않는다는 사실을 인정하는 것과 같다. 중요한 것은 말이 아니라 상대가 이를 느끼는 것이다.

부(富)라는 것도 그렇다. 재벌 수준에 가까운 이에게 부자의 정의를 물어본 적이 있다. 곰곰이 생각하던 그는 이렇게 답했다.

"돈에 신경을 쓰지 않는 사람이 부자입니다. 자기가 얼마를 버는지 얼마를 쓰는지 얼마가 있는지를 생각하지 않는 사람이 부자지요. 돈에 초연한 사람이 부자입니다. 돈이 많지만 아직도 돈돈 하는 사람은 부자가 아닙니다. 돈이 늘 그 사람의 어젠다가 되어 있는 사람은 부자가 아닙니다."

조직도 그렇다. 이미 갖고 있는 것보다 없는 것에 대해 주로 이야기한다. 커뮤니케이션이 되지 않는 조직일수록 커뮤니케이션을 강조한다. 리더십이 없는 조직이 리더십 이야기로 밤을 새운다. 신뢰가 없는 조직일수록 신뢰의 중요성을 입이 아프게 떠들고, 윤리가 없는 회사일수록 윤리경영의 중요성을 강조한다. 다들 그 부분에 자신이 없기 때문이다.

말의 한계, 어떻게 극복할까?

어느 것에 대한 이야기를 많이 한다고 그것이 얻어지는 것은 아니다. 아니 오히려 도망간다. 돈이 그렇고 건강이 그렇다. 신뢰와 애정도 그렇다. 특히 자신이 세운 공(功)이 그렇다. 조직에서 자신이 그렇게 고생을 하고 기여를 했는데 다른 사람들이 이를 알아주지 않을 때 우리는 분노한다. 그래서 자신이 얼마나 공을 많이 세웠는지 알아달라고 이야기하는 경우가 많다. 하지만 공이란 것은 내세우는 순간 사라진다. 늘 자신이 조직을 위해 얼마나 애썼는지, 자기 덕분에 조직이 얼마나 좋아졌는지, 직원들에게 얼마나 많은 애정을 가졌는지 떠벌리는 리더가 있다. 하지만 직원들은 그 리더가 마이크만 잡으면 고개를 돌린다. 어떻게 저렇게 직원들에게 무심하고, 비윤리적이고, 자기만 아는 사람이 저런 말을 할 수 있을까 신기한 생각이 들기 때문이다. 최악의 리더는 말로 모든 것을 다 하지만 행동은 반대로 하는 리더다. 말이나 못하면 중간이라도 갈 텐데 말이다.

말에는 한계가 많다. 그 한계는 오직 행동과 실천을 통해서만 극복할 수 있다.

말, 할 때와 하지 말아야 할 때

예전에 '잔소리 할아버지'란 별명을 가진 분을 본 적이 있다. 하루 종일 쉬지 않고 잔소리를 하기 때문에 붙여진 별명이란다. 이거 해라, 저거 해라, 이거 하지 마라, 저걸 왜 했냐…. 심지어 부엌에까지 진출해서 잔소리를 했다. 나이가 많은 분이 하는 소리라 안 들을 수는 없었지만 모든 사람이 머리를 절레절레했다. 참 어리석은 노인이다.

잔소리는 옳은 말을 기분 나쁘게 하는 것이다. 맞는 말이지만 들으면 기분이 나쁘고, 하려고 했던 일도 하고 싶지 않게 된다. 그런데도 대부분의 부모와 상사들이 잔소리를 일삼는다. 경영자들도 마찬가지다. 그러면서 모두가 자식을 위해, 직원을 위해서 하는 것이라고 한다. 한마디로 지혜가 없는 것이다. 이들을 위해 시 한 편을 소개한다.

말을 해야 할 때와 하지 말아야 할 때

― 무명씨

줄 때는 말이 필요 없습니다.

사랑하는 사람에게

귀한 선물을 주면서 그것에 대해 설명하면

그 가치가

오히려 떨어지는 것과 마찬가지입니다.

주는 행위 안에는

내가 하고 싶은 말이

모두 포함되어 있기 때문입니다.

하지만

받을 때는 말해야 합니다.

내 마음의

고마움을 적극적으로 표현해야 합니다.

그리고

다시 그에게 무언가를 줄 때는

아무 말도 하지 말아야 합니다.

이제는 주는 사람이기 때문입니다.

말을 해야 할 때와 하지 말아야 할 때를
구별하는 일이 생각처럼 쉽지 않지만
이 기술 하나만으로도
우리는 많은 것을 얻을 수 있습니다.

지혜란 나설 때와 나서지 말아야 할 때를 구분하는 것이다. 말을 해야 할 때와 하지 말아야 할 때를 아는 것이다.

받을 때는 감사, 줄 때는?

딴에는 큰마음을 먹고 경제적으로 어려운 친척을 도와준 적이 있었다. 한데 반응이 뜨뜻미지근했다. 제법 시간이 지나고 나서야 고맙다는 인사를 받았지만 영 탐탁지 않아 보였다. 정말 고마워하는지 의심이 들 정도였다. 실망스러웠다. 사실 줄 때는 아무런 보상 없이 주어야 하지만 쉬운 일은 아니다. 나도 모르게 그 사람의 기뻐하는 반응을 기대했다가 크게 실망하고 말았다.

뭔가를 받을 때는 적극적으로 감사 표시를 해야 한다. 반대로 줄 때는 가능한 한 말을 줄여야 한다. 주면서 생색을 내면 안 된다. '계주생면(契酒生面)'이란 말이 있다. '계를 모아 장만한 술을 마치 자기가 사는 것처럼 생색을 낸다'는 뜻이다. 그러지 말아야 한다. 이럴 때 이심전심이 필요하다. 받는 사람의 마음을 헤아려 언행을 조심해야 한다.

  말을 할 때와 하지 말아야 할 때, 나서야 할 때와 나서지 말아야 할 때, 갈 자리와 가지 말아야 할 자리를 가릴 줄 아는 것이 지혜다. 이런 지혜는 학교에서 가르쳐주지 않는다. 스스로 배우고 익혀 몸으로 터득해야 한다.

2

말을 하려면
임팩트 있게 하라

IMPACT
OF
WORDS

비유하라, 임팩트가 생긴다

귀에 와서 콕 박히는 말이 있다. 그런 말은 오랫동안 잊히지 않는다. 무언가를 비유한 말이 그렇다. 우연히 코미디언 구봉서 선생의 인터뷰 기사를 읽게 되었다. 대강 이런 내용이다.

박정희 대통령 시절, 저속한 코미디가 사회문제가 된 적이 있었다. 미풍양속을 해친다는 이유로 문화공보부에서 프로그램 자체를 없애려 했다. 지금 생각하면 말이 안 되지만 당시에는 그런 일들이 많았다. 그런 와중에 박 대통령을 만나게 되어 이렇게 이야기했다.
"코미디 프로를 없앤다는 이야기를 들었습니다. 저속한 코미디 한두 개 있다고 코미디를 없앨 거면 가끔 교통사고 내는 택시도 다 없애야 하지 않겠습니까?"

박 대통령은 빙그레 웃었고 얼마 후 코미디 프로를 없앤다는 방침은 없었던 일이 되었다.

대단하다. 어떻게 순간적으로 이런 비유의 말을 했을까? 만약 정색을 하고 논리적으로 따졌다면 어땠을까? 본전도 찾지 못했을 것이다.

비유를 적절히 사용하여 멋지게 대응한 예로 얼마 전 만난 한 중소기업 사장을 빼놓을 수 없다. 그로부터 직접 들은 이야기다.

그의 아버지는 월남한 분이다. 어찌어찌 해서 북에 두고 온 동생을 중국에서 만나게 되었다. 선장이라 불리는 사람이 거간 역할을 했는데, 아버지가 동생과 만나는 동안 그는 선장과 함께 차를 마시고 있었다. 그런데 선장이란 사람이 뜬금없이 "1950년도에 남한이 북한을 먼저 공격한 사실을 알고 있습니까? 당신은 거기에 대해 어떻게 생각하십니까?"라고 묻는 것이 아닌가. 참으로 황당한 상황이었다. 그는 이렇게 응수했다.

"당신은 나보다 젊고 덩치도 큽니다. 그렇지요?"

선장이 고개를 끄덕였다.

"만약 당신과 내가 싸운다면 누가 이기겠습니까? 당연히 젊고 덩치 큰 당신이 이길 겁니다. 근데 당신이 가만히 넋 놓고 있을 때 갑자기 내가 당신을 때리면 어떨까요? 당신도 다칠 겁니다. 그렇지요?"

선장이 그렇다고 하자 그가 말을 이어갔다.

"아무리 약자라도 갑자기 기습 공격을 하면 상대는 다칠 수밖에 없습니다. 태평양전쟁은 약자 일본이 강자 미국을 먼저 공격해서 일어난 전쟁입니다. 일본이 동남아시아 국가들을 자꾸 공격하자 미국이 말렸고, 일본이 말을 듣지 않으니까 미국이 석유를 비롯한 무역을 통제하겠다고 협박을 했고, 참다못한 일본이 진주만을 공격해 전쟁이 일어난 겁니다. 누가 봐도 일본이 지는 전쟁이었습니다. 그런데 결과는 어땠습니까? 초기에 미국은 큰 피해를 입었고 전세를 역전시키는 데 꽤 많은 시간이 걸렸습니다. 한국전은 어땠나요? 불과 3일 만에 서울을 빼앗겼습니다. 아니, 어떻게 먼저 공격한 남한이 3일 만에 수도를 빼앗길 수 있나요? 어떻게 생각하세요?"

그 말을 들은 선장은 자기 잘못을 순순히 인정했다.

이게 바로 비유의 힘이다. 이런 비유법은 대국민 설득에도 유용하다. 루스벨트 대통령 시절, 미국은 고립주의를 택하고 있었다. 다른 나라야 어찌 되건 미국은 관여하지 않겠다고 했다. 그러던 중 전쟁으로 어려움에 빠진 영국을 돕기 위해 무기를 대여하기로 결정하자 여론이 들고 일어났다. 왜 쓸데없는 데 돈을 쓰느냐는 것이었다. 이에 루스벨트는 특유의 비유로 국민들을 설득했다.

"이웃집에 불이 났다고 생각해보십시오. 나에겐 150미터를 이을 수 있는 호스가 있습니다. 이웃에게 이 호스가 있다면 소화전에 연결하여 불을 끌 수 있습니다. 여러분이라면 어떻게 하겠습니까? 급하니까 빌려주겠습니까, 아니면 15달러짜리니까 돈을 내라고 말하겠습니까? 어떤 게 최선일까요? 전 15달러를 받고 싶지 않습니다. 단지 불을 끈 후 호스만을 돌려받고 싶습니다. 호스가 무사하다면 좋겠지만 안 그래도 할 수 없지요. 그런데 만약 이웃에게 호스를 빌려주지 않아 그 집이 불타버린다면 어떻게 될까요? 그 불이 우리 집까지 번진다면 어떻게 될까요? 그게 여러분이 원하는 겁니까?"

주철환 씨도 방송사 PD 시절, 그만의 특유한 비유법으로 시청자들을 각성시켰다. 모든 책임이 방송사에 있다는 사람들의 고정관념에 새로운 시각을 부여했다. 그가 한 말이다.

"방송은 선거와 비슷하다. 시청자는 유권자다. 그들은 매일 투표한다. 문제는 정말 괜찮은 프로에 투표하지 않는다는 것이다. 그저 구미에 맞는 프로의 손을 들어준다. 시청자는 자신이 권력자라는 사실을 모른다. 그래서 정기적으로 건강진단을 받아야 한다. 증상에 대한 진단만 무성할 뿐 정확한 처방이 없다. 환자를 야단만 치지 말고 따뜻한 시선을 지녀야 한다. 알코올중독자에게 왜 이 지경이 되도록 몸을 함부로 다뤘느냐고 야단치는 것이 무슨 소용이 있는가. 저 따위 프로에 내가 마음을 빼앗기다니, 하는 시청자의 각성이 필요하다. 시청자가 잘하면 제작자는 저절로 잘하게 되어 있다."

얼마나 멋진 비유인가.

두말이 필요없는 강력한 비유들

내가 그동안 애써 모아놓은 비유 표현들 가운데 몇 가지를 소개한다. 먼저 아이와 관련한 비유다.

"피아노를 산다고 피아니스트가 되는 것은 아니다. 아이를 낳는다고 부모가 되는 것도 아니다."
얼마나 뜨끔했는지 모른다.

"아이에게 안전벨트를 매지 않게 하는 것은 3미터 다이빙대에서 아이를 물이 없는 풀장으로 밀어 넣는 것과 같다."
이 말을 들으면 절대 애를 차 앞에 앉히거나 하지 않을 것 같다.

"아이 숙제를 대신 해주는 것은 다른 사람이 운동하는 모습을 보면서 자신도 날씬해질 수 있다고 믿는 것과 같다."
그런데 그런 사람이 의외로 많다.

"통장 확인을 자주 한다고 돈이 느는 것은 아니다. 애를 옆에서 볶는다고 애가 공부를 잘하는 것은 아니다. 다만 하는 척할 뿐이다."
아이를 채근하면서 계속 공부하도록 감시하고 통제하는 부모를 볼 때 내가 해주는 말이다.

다음은 전쟁에 관한 비유다.

"회유론자들은 호랑이에게 고깃덩어리를 계속 주면 고기에 질려 호랑이가 채식동물이 될 것이라고 믿는다."
미국 저널리스트 헤이우드 브라운의 말이다. 햇볕정책 논쟁을 벌일 때 이런 말을 사용하면 얼마나 절묘했을까 하는 생각이 들었다.

천안함 사태의 원인 발표를 계속 미루는 것을 본 미국의 시사 주간지 〈타임〉은 이렇게 말했다.
"이마에 총을 맞고 죽은 사람을 보고 심장마비의 가능성을 배제하지 않겠다고 말하는 CSI와 같다. 아마 총 가진 자가 암흑가의 보스이기 때문일 것이다."
이 기사를 읽고 얼마나 웃었는지 모른다. 아직도 천안함 사태를 북한 소행이 아니라고 주장하고 싶은 사람에게 들려주고 싶은 말이다.

유명인들의 비유도 놀랍다.

차분하게 경력을 쌓아 돈을 벌고 기반을 닦은 후 자신이 원하는 삶을 살겠다는 대학생에게 워런 버핏은 이렇게 말했다.

"가장 멍청한 소리군. 그 말은 젊었을 때 섹스를 하지 않다가 나이 들어서 한꺼번에 하겠다는 말과 똑같네."

역시 지혜로운 사람이다.

"이윤이란 숨쉬기 위한 공기만큼이나 필수적이다. 그러나 이윤만을 위해서 경영하는 것은 마치 숨쉬기 위해서만 사는 것처럼 어리석은 일이다."

독일 은행가 헤르만 요제프 압스가 한 말로, 이윤이란 무엇인지를 확실하게 정리해주고 있다.

"R&D는 보험이다. 이를 제대로 하지 않는 것은 농부가 당장 배고프다고 내년에 뿌릴 종자까지 먹어버리는 것과 같다."

이건희 삼성그룹 회장의 말이다. 이 말을 들으니 박경리 선생의 '이자론'이 생각난다. '환경을 잘 보존하기 위해서는 원금은 까먹지 말고 이자로 생활해야 하다'는 것이다. 가슴에 와닿는 말이다.

"내가 결혼에 대해 이야기하는 것은 마치 타이타닉호 선장이 항법에 대해 가르치는 것이나 마찬가지다."

이혼을 세 번이나 한 토크쇼의 달인 자니 카슨의 말이다. 겸손과 주제 파악이 어우러진 말이다.

"잠을 줄이는 것은 내 생명의 사채를 빌려 쓰는 것과 같다."
한진규 서울수면센터 원장의 말이다. 잠의 중요성을 적절히 표현했다.

마지막으로 카릴 제미슨의 '한 모금 이론'에 나오는 글을 인용한다. 비유법을 제대로 구사했다.

한 아이가 하얀 백사장에서 모래를 가지고 놀고 있습니다.
하얀 모래를 두 손 가득히 움켜 잡았습니다. 이것이 사랑입니다.
손을 들어 올리자 모래가 손가락 사이로 흘러내리고 말았습니다. 이것이 이별입니다.
흘러내리는 모래를 막아보려고 했지만 멈추지 않았습니다. 이것이 미련입니다.
다행히 손 안에는 남아 있는 모래가 있습니다. 이건 그리움입니다.
집에 가기 위해 모래를 탁탁 털었습니다. 그랬더니 손바닥에 남아 있는 모래가 금빛으로 빛나고 있습니다. 이것이 추억입니다.
아무리 털어도 털어지지 않는 모래는 사랑의 은은한 여운입니다.

대비하라, 임팩트가 강해진다

'미운 다섯 살'이란 말이 있다. 이때는 뭐든 엇나가려 한다. 하라고 하면 하지 않고, 하지 말라고 하면 한다. 말도 그렇다. 어디로 튈지 모른다. 어떻게 말하고 받아들이느냐에 따라 전혀 다른 결과를 낳게 된다.

말을 하는 목적은 행동을 변화시키는 것이다. 따라서 그렇고 그런 뻔한 말보다는 상대방의 생각과 행동을 바꿀 수 있는 임팩트 있는 말을 골라서 해야 한다.

임팩트 있는 말을 하려면 차별화가 필요하다. 남들이 다 하는 말을 반복하면 발전이 없다. 재미도 없다. 기억하기도 힘들다. 뒤집어 생각할 수 있어야 한다. 다른 사람들이 보지 못한 점을 끄집어낼 수 있어야 한다.

차별화를 위해서는 '대비(contrast)되는 말'을 사용하는 것이 효과적이다. 사람들의 예상을 뒤엎는 말을 쓰는 것이다. 리더십 강의를 하는 나는 이런 말을 자주 한다.

"저는 리더십이 완벽하게 없는 사람을 알고 있습니다. 리더로서 하지 말아야 될 모든 일을 완벽하게 해내는 사람입니다."

다들 웃는다. 하지 말아야 할 것과 완벽이란 말이 어울리지 않기 때문이다. 무능에 완벽이란 단어를 붙였기 때문이다. 사자성어의 매력도 이런 대비에서 나온다. 직목선벌(直木先伐), 감천선갈(甘泉先竭)이 그렇다. '곧은 나무가 먼저 베이고 단 샘이 먼저 마른다'는 말이다. 곧은 나무는 잘될 것 같고 단 샘은 오래 갈 것 같은데 먼저 베이고 마른단다. 사람의 예상을 깬다. 그래서 기억에 오래 남는다. '잘난 아들은 국가의 아들, 돈 많은 아들은 장모의 아들, 못난 아들만 내 아들'이라는 말도 그렇다. 잘난 아들은 자랑스럽지만 내 곁에 있을 수 없고, 못난 아들은 자랑스럽지는 않지만 덕분에 내 옆에 있을 수 있다는 뜻이다. 대비의 효과 때문에 재미있다. '성인이 되는 것보다 성인과 같이 사는 것이 힘들다'는 격언도 인상적이다. 성인은 완벽함을 추구한다. 멋져 보이지만 옆에 사는 사람은 죽음일 수 있다.

김동호 목사가 쓴 '평안과 편안'이란 글은 대비를 활용한 명문장이다.

"평안과 편안은 비슷해 보이지만 그렇지 않다. 평안은 진짜 복이고, 편안은 가짜 복이다. 재미와 기쁨도 마찬가지다. 재미는 가짜 복이고, 기쁨은 진짜 복이다. 중국인들이 돈을 벌면 가장 먼저 하는 것이 답 쌓고

철망 치는 것이다. 돈이 많아짐으로써 조금 편안하게 살 수는 있게 되었지만 오히려 불안해졌다는 뜻이다. 이처럼 돈으로 편안은 살 수 있지만 참 행복을 가져다줄 평안은 살 수 없다."

얼마나 귀에 쏙쏙 전해지는가. 대비는 임팩트 있게 말하기 위한 좋은 도구다. 리듬감이 있어 읽는 맛도 좋고 보기에도 한눈에 들어올뿐더러 귀에 쏙쏙 박힌다. 대비를 활용한 멋진 표현들을 몇 가지 더 알아보자.

Quitters never win, winners never quit(포기하는 자는 이길 수 없고, 승자는 결코 포기하지 않는다).

知者不言, 言者不知(지자불언, 언자부지. 아는 자는 말하지 않고, 말하는 자는 알지 못한다).

살아 있는 물고기는 물결을 거슬러 올라가고, 죽은 물고기는 물길을 따라 흘러간다.

젊어서 좌파가 아니면 가슴이 없는 것이고, 늙어서도 아직 좌파면 머리가 없는 것이다.

네 젊음이 노력으로 얻은 상이 아니듯이 내 늙음도 내 잘못으로 받은 벌이 아니다.

누군가를 존경하는 사람은 누군가를 무시하는 사람이다.

산을 보려면 들로 가야 한다. 들을 보려면 산에 올라가야 한다.

때로는 반대로 표현하라

반대로 말하는 것도 효과적이다. '빠른 것이 느린 것이고, 느린 것이 빠른 것이다'라는 말이 있다. 빨라 보이는 것이 사실 느리고, 느리게 돌아가는 것 같지만 그게 실은 빠르다는 것을 강조한 말이다. 거꾸로 말했지만 진실을 담고 있고 기억하기 좋다. 빨리 승진한 사람이 가장 먼저 회사를 나오고, 동기들 중에서 승진이 늦은 사람이 장군이 되고 검찰총장이 되는 경우가 종종 있다. '사랑하는 여자를 놓치지 않으려면, 사랑하지 않는 여자를 대하는 것처럼 대해야 한다'는 말도 비슷한 맥락이다.

우리 머리는 역설을 좋아한다. 같은 뜻이라도 대비해서 말하고 역으로 표현하면 임팩트 있게 전달된다.

본질을 꿰뚫어라, 통쾌한 임팩트를 남긴다

〈개그콘서트〉라는 TV프로에 '현대레알사전'이란 코너가 있다. 한 단어를 두고 사람에 따라 그 단어를 어떻게 느끼는지를 묘사하는 코너다. 기발하고 재미있다. 예를 들어 회식에 대한 느낌도 입장에 따라 다르다. 남직원에게 회식이란 '일 끝나고 또 일하러 가는 것', 여직원에게는 '도망갈 궁리하고 술 안 마실 궁리하다 결국 개 되는 날', 신입 직원에게는 '예, 예 하지만 웃는 게 웃는 게 아닌 날'이다. 결정적인 것은 사장에게 바라는 회식이다. '카드만 주고 사장님이 빠져주는 것'이다. 이 대목에서 가장 큰 박수와 웃음이 나온다. 왜? 그게 진실이니까. 이 코너가 인기 있는 이유는 사람들이 생각하는 속마음을 콕 집어주기 때문이다.

말에 호소력이 있으려면 현대레알사전처럼 진실을 꿰뚫는 맛이 있어야 한다. 누구나 막연하게 생각은 하고 있었던 사실을 적절하게 말로 표현할 때 사람들은 즐거워한다. 예를 들어보면 이렇다.

고전의 정의는? 누구나 알고 있지만 아무도 읽지 않는 책.
정말 그렇다. 아담 스미스의 《국부론》은 고전이다. 과연 이 책을 읽은 사람이 몇이나 될까? 경제학 박사들 중에서는 얼마나 있을까?

낭만의 정의는? 있으면 좋겠지만 있을 것 같지 않은 그 무엇.

뷔페의 정의는? 밥 먹기 싫은데 할 수 없이 같이 먹어야만 할 때 가는 곳.
보기 싫은 상사와 가면 좋다. 상사가 오면 음식 가지러 가고, 상사가 음식 가지러 가면 그때 음식을 먹으면 된다.

이 분야의 최고수는 소설가 이외수다. 그가 내린 정의가 참으로 기발하다. 그의 《감성사전》에 나오는 몇 가지를 소개한다.

주인공: 작중 인물 중 가장 목숨이 끈질긴 존재.
주인공은 절대 죽지 않는다. 설혹 죽는 경우가 있지만 그때는 영화도 끝난다. 그러니까 영화 보는 도중 주인공이 죽을까봐 긴장할 필요는 없다.

그는 절대 죽지 않기 때문이다.

명예박사: 자신이 진짜 박사가 아니라는 사실을 대학이나 학술단체로부터 공식적으로 인정받은 사람.

명예박사 학위를 주고받는 모습을 보면서 늘 그런 생각을 했다. 왜 박사도 아닌 사람에게 명예박사란 이름으로 학위를 줄까? 어떤 이는 받지 않겠다고 기를 쓰는데, 어떤 사람은 받겠다며 기를 쓸까? 뭔가 꿍꿍이가 있기 때문이다. 그러고 보면 명예란 말은 그리 명예롭지 않다. 명예퇴직이 그렇다. 명예롭지 않기에 명예퇴직이라는 이름을 붙인 것이다. 명예훼손이란 말도 그렇다. 훼손당할 것도 없는 사람들이 명예훼손을 걸고 넘어지는 경우를 심심찮게 보게 된다.

이민: 자신을 다른 나라에 내다버리는 행위를 점잖게 이르는 말.

맞다. 이민은 사실 조국을 떠나는 일이다. 한국이 지긋지긋해 이민을 간 사람이 많다. 그런데 얼마 후에는 지긋지긋한 한국을 그리워한다. 애증이 교차한다. 한국이 잘되는 것을 좋아하면서도 배 아파하기도 한다. 한 번은 미국으로 이민 간 목사 집에서 며칠 묵은 적이 있다. 얼마나 한국에 비판적인지 식사자리가 불편할 정도였다. 그래서 이렇게 쏘아붙였다. "목사님, 목사님은 미국 걱정하세요. 한국은 제가 걱정할게요."

결혼: 사랑에 대한 착각을 최종까지 수정하지 않은 남녀가 마침내 세월의 함정 속에 공동으로 투신하는 사건.

말단 사원: 하는 일은 가장 많으면서 받는 대우는 가장 적은 고용인. 말단 사원은 찬바람이 불어오면 제일 먼저 참혹한 겨울 예감에 사로잡힌다. 그러나 작은 따스함에도 쉽게 언 가슴이 녹고 작은 감동에도 금방 눈시울이 젖는다. 아직 기계가 되지 않았다는 증거다.

본질을 꿰뚫는 촌철살인의 말에 사람들은 귀를 기울이고 가슴을 연다. 그런 말을 하기 위해서는 한 가지 주제에 대해 깊이 생각해보는 시간을 가져야 한다. "고수는 머릿속이 한 가지 생각으로 가득 차 있고, 하수는 머릿속이 만 가지 생각으로 가득 차 있다"는 이외수 씨의 말처럼 말이다.

모순어법을 활용하라, 메시지가 살아난다

'모순'이란 말을 좋아한다. 모순이란 어느 방패나 뚫을 수 있는 창과 어떤 창도 막을 수 있는 방패가 합쳐진 말이다. 그래서 앞뒤가 맞지 않을 때 모순이라고 말한다. 하지만 강력하고 깊은 인상을 심는 데는 모순어법이 큰 효과를 발휘한다. 모순되는 듯한 말을 사용하기 때문에 생각을 하게 되고, 더 오래 기억할 수 있다. 모순되는 말들만 모아놓은 책도 있다. 그 안에 깊은 진리를 담고 있기 때문이다.

노자의 《도덕경》은 모순어법의 대표 선수다. 대기만성(大器晚成)이 그렇다. 대기만성은 흔히 '큰 그릇은 늦게 완성된다'는 말로 잘못 이해되고 있는데, 본래 뜻은 '큰 그릇은 완성이 없다'는 것이다. 완성되었다고 생각하는 순간 더 이상 성장할 수 없기 때문이다. 얼마나 기막힌 말인가.

이어서 대음희성(大音希聲), 대상무형(大像無形)이란 말이 나온다. 정말로 큰 소리는 들리지 않고, 참으로 큰 형상은 형체가 없다는 말이다. 지구가 돌아가는 소리는 들리지 않고, 우리가 살고 있는 우주가 보이지 않는 이치를 설명한다. 대직약굴(大直若屈), 대교약졸(大巧若拙), 대변약눌(大辯若訥)도 같은 맥락이다. 크게 강직한 것은 굴종하는 것 같고, 정말 교묘한 것은 서투른 것 같고, 진짜 말을 잘하는 것은 더듬는 것과 같다는 말이다. 어떻게 이런 말의 조합을 만들어냈는지 감탄스러울 뿐이다.

장자의 사상 중 하나인 무용지용(無用之用)도 모순어법의 전형이다. '아무 쓸모없는 것의 쓰임'이란 말인데, 풀어 설명하면 쓸모없는 것도 나름 쓸모가 있다는 뜻이다. 귀찮고 싫은 것이 있으니까 즐겁고 좋은 것이 있을 수 있고, 보기 싫은 사람이 있으니 보고 싶은 사람도 있다는 것이다. 얼마나 절묘한 표현인가.

사람들이 자주 쓰는 격언에도 모순어법을 사용한 것들이 많다. 이를 통해 자신의 뜻을 멋지게 전달할 수 있기 때문이다.

살려고 하는 자는 죽게 되고, 죽으려고 하는 자는 살 수 있다.
보존하려면 개혁해야 한다.
홀로 있을 때 가장 외롭지 않다.
가장 숨기 좋은 곳은 가장 눈에 잘 띄는 곳이다.
지상에 천국을 만들겠다는 시도가 늘 지옥을 만들어낸다.

프라이버시를 보장받는 최선의 방법은 자신의 모든 것을 오픈하는 것이다.

내가 확신하는 한 가지는 확신할 수 있는 게 없다는 것이다.

촉이 발달한 시인들도 이런 식의 모순어법을 즐겨 사용한다. 아래 시 '모든 것'이 대표적이다.

모든 것
– 작자 미상

모든 것을 맛보고자 하는 사람은
어떤 맛에도 집착하지 말아야 한다.

모든 것을 알고자 하는 사람은
어떤 지식에도 매이지 않아야 한다.

모든 것을 소유하고자 하는 사람은
어떤 것도 소유하지 않아야 하며

모든 것이 되고자 하는 사람은

어떤 것도 되지 않아야 한다.

자신이 아직 맛보지 않은 어떤 것을 찾으려면
자신이 알지 못하는 곳으로 가야 하고

소유하지 못한 것을 소유하려면
자신이 소유하지 않은 곳으로 가야 한다.

모든 것에서 모든 것에게로 가려면
모든 것을 떠나 모든 것에게로 가야 한다.

모든 것을 가지려면
어떤 것도 필요로 함이 없이 그것을 가져야 한다.

뭔가 강력한 메시지를 전하고 싶은가? 그렇다면 모순어법을 적극 활용해보라.

재치, 그 기막힌 반전의 미학

 말하는 걸 보면 그 사람을 알 수 있다. 머리가 좋은 사람들은 말하는 게 다르다. 절묘한 표현을 잘 쓴다. 짧게 말하지만 핵심이 들어 있다. 나는 그런 말이 좋다. 그런 말을 만들어내는 것도 좋아한다. 그런 촌철살인의 말을 주고받을 수 있다면 인생이 더 풍요로워질 것이다.
 재치 있는 사람들과의 만남은 큰 즐거움이다. 재치 있는 말은 시간이 지나도 잊히지 않는다. 오래전 어떤 분이 큰 모임의 사회를 보고 있었다. 술이 들어가자 사람들이 사회자에게 무리한 요구를 하고 곤란한 질문을 던졌다. 참 난감한 상황이었다. 그때 사회자가 침착하게 다음과 같이 대응했다.
 "지금 여러분에게 고백합니다. 사실 저는 치명적인 불치병을 하나 갖고 있습니다."

다들 귀를 쫑긋 세웠다. 그의 말이 이어졌다.

"전 술을 먹으면 반드시 취합니다. 그리고 취하면 잘 들리지 않는다는 겁니다."

그 말 한마디에 다들 뒤집어졌다. 더 이상 곤란한 질문도 없었다. 재치의 힘이다.

얼마 전 있었던 코칭경영원 송년회에서도 그런 일이 있었다. 30여 명의 코치들이 모여 한 해를 뒤돌아보는 시간이었다. 직업이 코치다 보니 다들 훈련이 된 사람들이다. 무엇보다 말하고 듣는 훈련이 잘되어 있다. 자신을 소개하는 시간에 듀폰코리아 회장을 지낸 김동수 코치가 이런 이야기를 했다.

"집사람은 오랫동안 새벽기도를 나갑니다. 저는 게을러서 그러지 못했습니다. 근데 딸이 새벽기도는 엄마가 하는데 바뀐 건 아빠라고 이야기하더군요. 전 코칭을 배우고 누군가를 코칭하면서 많은 변화가 있었습니다. 코치는 남을 변화시키는 사람이지만 실제 혜택은 코칭하는 사람에게 일어나더군요."

짧지만 강한 스피치였다. 코칭을 통해 자신이 변화했다는 이야기를 이렇게 하니 잊히질 않는다.

말을 재치 있게, 맛깔스럽게 한다는 것은 무엇을 의미할까? 피천득 선생의 이야기를 들어보자.

"'나는 말주변이 없어' 하는 말은 '나는 무식한 사람이다', '둔한 사람이다' 하는 소리다. 화제의 빈곤은 지식의 빈곤, 경험의 빈곤, 감정의 빈곤을 의미하는 것이요. 말솜씨가 없다는 것은 그 원인이 불투명한 사고방식에 있다. (중략) 케네디를 케네디로 만든 것은 무엇보다 그의 말이다. 소크라테스, 플라톤, 공자 같은 성인도 말을 잘하였기 때문에 그들의 사상이 전파 계승된 것이다. 덕행에 있어 그들만 한 사람들이 있었을 것이나 그들과 같이 말을 할 줄 몰라서 역사에 자취를 남기지 못한 것이다."

재치의 모든 것

재치는 '받아치는 것'이다. 상대의 힘을 역으로 이용하는 것이다. 상대가 하는 이야기 속의 허점을 거꾸로 이용하는 것이다. 그렇기 때문에 우선 잘 들어야 한다.

일제 강점기에 변호사로 일했던 변영만은 재치 있는 분이다. 그는 일본인 재판장이 자신을 오마에, 즉 '너'라고 하대하는 것이 불만이었다. 그래서 따졌다.

"왜 제 이름을 놔두고 오마에라고 부릅니까?"

생각지 못한 항의에 재판장은 이렇게 대답했다.

"오마에를 한자로 쓰면 어전(御前), 즉 임금님 앞이란 뜻이 아닙니까?

오해하지 마세요."

그러자 변영만이 말했다.

"제게 그렇게 과분한 호칭은 어울리지 않습니다. 그 호칭은 오히려 재판장님께 써야 어울릴 것 같습니다. 앞으로 재판장님께 오마에라는 호칭을 사용하겠습니다. 괜찮겠죠?"

재판장의 얼굴이 확 붉어졌다. 얼마나 통쾌한가.

비슷한 사례를 〈리더스 다이제스트〉(1996년 6월호)에서 읽었다. 미국 덴버공항에서 항공편 하나가 취소되는 바람에 예약했던 사람들이 길게 줄을 서서 다시 예약을 하고 있었다. 그때 줄을 서지도 않은 한 사람이 예약 때문에 정신이 없는 아가씨 앞에 나타나 자기 티켓을 카운터에 탕 놓으면서 "나는 이 비행기를 꼭 타야 하고 좌석은 일등석이라야 해"라고 말했다. 이 말을 들은 아가씨가 "선생님, 미안합니다. 제가 선생님을 도와드릴 수 있으면 참 좋겠는데 여기 계신 분들을 먼저 돌봐드려야 합니다"라고 대답했다. 그러자 그 사람이 뒤에 서 있는 사람들에게 다 들릴 정도의 큰 소리로 "당신, 내가 누군지 알고 그러는 거야?"라고 말했다. 이 말을 들은 아가씨는 상냥한 미소를 지으면서 곧 안내방송 마이크를 잡고 이렇게 말했다.

"안내 방송입니다. 탑승구에 자기가 누군지 모르는 분이 있습니다. 혹시 이분이 누군지 알려줄 분이 계시면 탑승구로 나와주시기 바랍니다."

사람들은 크게 박수를 쳤고 그 사람은 멋쩍게 카운터에서 물러났다.

재치는 반전이다. 이외수 씨는 《여자도 여자를 모른다》라는 책을 썼다. 그런데 그 책을 두고 사람들이 비평했다. 여자도 아닌 사람이 무슨 여자에 대해 아는 척을 하느냐고 씹은 것이다. 이외수 씨의 답변이다.

"그럼 파브르는 곤충이라서 곤충에 대해 썼냐?"

이렇게 멋지게 반격하면 상대는 할 말이 없을 것이다.

자신의 그림을 모욕(?)한 손님에게 한 방 먹인 어느 젊은 화가의 이야기도 통쾌하다. 한 정치인이 헝가리 출신의 젊은 화가에게 자신의 초상화를 그려달라고 부탁했다. 약속한 날짜에 초상화를 찾으러 미술가의 집을 방문한 정치인은 그림 속 인물이 자신과 닮지 않았다며 초상화 인수를 거부하고 돈도 주지 않았다. 그러자 화가가 말했다.

"그림이 선생님과 닮지 않았다는 것에 서명해주시겠습니까?"

몇 개월 뒤 부다페스트의 한 미술관에서 전시회가 열렸는데, 사람들의 연락을 받고 도착한 정치인은 경악을 금치 못했다. 자신의 초상화 밑에 '도둑놈의 초상'이라는 제목이 붙어 있었기 때문이다. 그는 즉시 처음의 10배나 되는 가격에 그림을 구입할 수밖에 없었다.

재치는 과장이다. 암 선고를 받은 후에도 강의를 계속하면서 이를 소재로 《마지막 강의》라는 책을 쓴 랜디 포시 교수에게 한 사람이 영화를 만들면 어떻겠냐는 제안을 했다. 그의 답변이다.

"불가능한 이야기입니다. 아내 역을 맡을 만큼 예쁜 배우가 없기 때문입니다."

이 말만큼 아내를 치켜세우는 말이 있을까?

나는 밸런타인데이 같은 때 이런 말을 쓰곤 한다. 젊은 여직원들이 별 생각 없이 초콜릿을 선물하면 나는 정색을 하고는 말한다.

"미스 김, 제게 이러시면 곤란해요. 아직 저는 미스 김을 받아들일 준비가 안 돼 있거든요."

다들 넘어간다. 기가 막히고 코가 막히기 때문이다. 아무렴 어떤가. 웃을 수 있는데.

예외를 두는 것, 빠져나갈 구멍을 만들어두는 것도 재치다. 한 젊은 기자가 기사에서 "미국 국회의원들은 모두 다 저능아다"라는 문장을 썼다. 이를 본 고참 기자가 그에게 충고했다. 그 기사가 나가면 국회의원들의 항의가 빗발칠 테니 한 구절만 추가하라고 했다. 다시 고친 문장은 이랬다.

"미국 국회의원들은 한 명만 빼고 모두 저능아다."

기사가 나간 후 항의한 국회의원들은 한 명도 없었다. 모두들 그 한 명이 자기라고 믿었던 것이다.

영국의 헨리 3세 시대에는 일부 귀족들이 황금이나 휘황한 보석으로 치장하는 등 사치 풍조가 만연했다. 국민 담화를 통해 검소한 생활을 지시했으나 효과가 없자 칙령 밑에다 '다만 매춘부와 도둑은 이 칙령을 지키지 않아도 된다'는 부칙을 달았다. 사치를 일삼는 자는 매춘부나 도둑과 같다는 말이다. 품위와 인격을 소중히 여기는 사람들에게 자극을 주기 위해서다. 발표된 다음 날부터 눈에 띄게 복장이 검소해졌다. 그런데 이 칙령은 얼마 안 가 폐지되고 말았다. 프랑스 귀족 출신인 헨리 3세의 새 왕비가 이를 모르고 매일 온갖 보석으로 몸을 휘감고 나타났기 때문이다.

덮어씌우는 것도 재치다. 안내문에 사용하면 좋다. 반상회에 사람을 불러 모으는 일은 쉽지 않다. 하지만 방법이 있다. 덮어씌우는 것이다.

"모월 모일 몇 시에 반상회를 합니다. 안건은 반장 선거에 관한 겁니다. 안 오셔도 상관없습니다. 단, 참석 안 한 분이 반장에 우선적으로 선출된다는 사실을 알려드립니다."

아마 참석률이 확 올라갈 것이다.

한 집주인이 자기 집 담벼락에 세워진 자전거들 때문에 골머리를 앓다가 자전거를 세워놓지 말라는 경고문을 붙였다. 하지만 별 소용이 없었다. 부탁의 글을 쓰기도 하고 협박의 글을 써놓기도 했지만 마찬가지였다. 궁리 끝에 집주인은 기발한 글을 써붙였고, 그 후로는 담벼락의 자전거들이 모두 자취를 감추었다.

"여기 세워진 자전거는 모두 공짜입니다. 아무거나 마음대로 가져가세요."

재치의 달인들

재치로 보면 마크 트웨인이 대표 선수다. 정장 입는 것을 싫어했던 그는 셔츠 바람으로 이웃집에 갔다가 30분 만에 돌아왔다. 어떻게 그런 차림으로 옆집에 갈 수 있냐고 부인이 잔소리를 늘어놓았다. 그는 봉투에 타이를 싸서 이런 메모와 함께 이웃집에 보냈다.

"조금 전 타이를 매지 않고 댁에 가서 30분 동안 볼일을 보고 돌아왔다 해서 제 아내에게 호된 잔소리를 들었습니다. 그래서 늦게나마 이렇게 타이를 보내드립니다. 제가 댁에서 머문 30분만큼만 보시고 다시 돌려보내주시면 감사하겠습니다."

채플린도 그렇다. 어느 날 거액의 현금을 쥐고 집으로 가는 길이었다. 좁은 골목길을 지나는 순간 총을 든 강도가 나타났다. 도둑은 총을 겨누며 가진 돈을 전부 내놓으라고 위협했다. 그는 시커먼 총부리를 보면서 일부러 더 심하게 온몸을 덜덜 떨며 말했다.

"제가 돈이 있긴 한데, 사장님 돈입니다. 돈을 드릴 테니 저를 좀 도와주세요. 제 모자에 총을 두 방 쏘아주시면 돌아가서 어쩔 수 없었다고 해명할 수 있습니다."

강도는 그의 모자를 건네받아 총을 두 방 쏘았다. 그는 다시 자신의 바짓가랑이를 가리키며 총을 쏴달라고 부탁했다.

"이렇게 해야 더 진짜 같을 것 아닙니까? 이 총 자국을 보면 사장님이 믿지 않을 수 없을 겁니다."

강도는 좀 짜증스러운 표정을 지으며 바짓가랑이에 대고 총을 쏘았다. 그는 또 "옷깃에도 구멍을 좀 내주세요" 하고 말했다. 강도는 "이런 미친놈 같으니라고. 제길…" 욕을 해대며 방아쇠를 당겼지만 총소리는 들리지 않았다. 채플린은 이 순간 도둑의 총알이 다 떨어졌음을 알고 바람처럼 도망쳤다.

오페라 작곡가 로시니도 재미있는 사람이다. 어느 날 만찬회에 참석했다가 나오는데 그 집 부인이 "또 오십시오"라고 인사를 건네자 "지금이라도 괜찮을까요?"라고 물었다. 밀라노에서 많은 예산을 들여 자신의 동상을 세운다는 말을 듣고는 "그 돈을 내게 준다면 내가 매일 서 있을 텐데…"라며 사람들을 웃겼다. 칠순을 넘긴 나이에도 자신의 생일(2월 29일)은 4년마다 한 번씩 돌아오니 아직 18세밖에 안 되었다고 우겼으며, 미신을 맹목적으로 믿어 13일의 금요일에는 하루 종일 침대에 누워 지내기도 했다.

삶은 말로 구성되어 있다. 재치 있는 말 한마디가 생활에 활기를 불어넣는다. 밝은 빛을 던져준다. 오랫동안 그 사람을 기억하게 한다. 재치는 사물을 꿰뚫어보는 능력이다. 그래서 어떤 심리치료나 신경안정제보다 더 탁월한 효능을 발휘하기도 한다.

명품을 만드는 언어의 이종결합

소설가 김홍신은 37년 동안이나 담배를 피웠다. 폐암의 위험, 가족에 대한 간접적 살인 행위라는 말까지 들으면서도 담배를 끊지 않았다. 원고를 쓸 때에는 하루 서너 갑을 피웠다. 그러다 어느 한 순간 탁 끊었다. 스승이 던진 한마디 말 때문이다.

"쥐는 쥐약인 줄 알면 먹지 않는데 사람은 쥐약인 줄 알면서도 먹는다."

담배를 끊었더니 "참 독하다"고 말하는 사람이 있었다. 그는 이렇게 대꾸했다.

"독극물을 삼키는 사람이 독한 사람이지, 독극물을 버린 사람은 독한 사람이 아니지요."

우문현답이다. 짧은 말로 주고받은 선문답 같은 이야기다.

말에는 두 축이 있다. 길이의 축과 효과의 축이다. 최악은 길지만 효과가 없는 말이고, 최선은 짧지만 효과가 좋은 말이다. 말을 할 때는 가능하면 짧지만 효과가 좋은 쪽을 택해야 한다. 이를 제일 잘하는 사람들이 있다. 시인과 광고 카피라이터다. 이쪽에 취미가 있는 나는 시집을 많이 산다. 광고인들이 쓴 책도 많이 읽는다. 거리의 간판이나 현수막도 열심히 들여다본다. 그중에서도 기억에 남는 몇 가지가 있다.

ReLAX

오래전 LA공항에서 본 카피다. 리노베이션 공사 중임을 알리기 위해 써붙인 말이다. LAX는 LA공항을 뜻한다. 그 앞에 Re를 붙였다. '릴랙스 하라'는 의미와 'LA공항은 리노베이션 공사 중'이라는 의미를 동시에 품고 있다.

Know pain, no pain.

'통증을 알면 아프지 않다'는 말이다. 강남성모병원에 붙어 있던 통증학회의 홍보 슬로건이다. 누가 만들었는지는 몰라도 정말 잘 만든 슬로건이라는 생각이다. 이걸 만든 사람은 광고회사에 카피라이터로 취직해도 손색이 없을 것 같다.

一人疏失, 百人心傷(일인소실, 백인심상)

음주운전 경고 슬로건이다. 타이완에 놀러 갔다가 우연히 보게 되었다. '한 사람의 실수가 백 명의 마음을 아프게 한다'는 말이다.

도서관은 쉿, 화장실은 쉬
도서관에서 조용히 하라는 말이다.

Click it or ticket
'안전벨트를 매든가, 아니면 벌금을 내라'는 말이다. 안전벨트를 매게 하는 데 유일하게 효과를 본 슬로건이다.

다들 얼마나 기발한 카피인가? 원하는 효과도 얻으면서 즐거움도 선물한다.

짧지만 인상적인 말을 가장 열심히 만드는 사람은 누가 뭐래도 광고인이다. 그들이 만든 카피를 보면 정말 기상천외한 것들이 많다.

어머니 날 낳으시고, 선생님 날 만드셨네
어느 성형외과의 선전 문구다.

TV방영 안 된 집, 왜? 영양탕이니까

보신탕 집 앞에 붙어 있던 말이다.

시간? : 왜, 설마 잠 안 재울까봐?
식대? : 왜, 설마 밥 굶길까봐?
시급? : 왜, 떼돈 벌게?
아르바이트 급구 광고다.

아무것도 바꾸지 않기 위해 모든 걸 바꾼다
명품 브랜드 에르메스의 광고다.

경쟁하지 않는 것이 우리 경쟁력이다
보석과 시계의 유명 브랜드 불가리를 이끄는 프란체스코 트라파니 CEO가 한 말이다.

정말이지 명품은 말하는 것도 명품스럽다. 치밀하게 연구한 결과로 만든 말인 것 같다. 만약 비데를 광고한다면 어떻게 할까? 쉽지 않다. 그런데 일본의 유명한 카피라이터 나카하타 다카시는 TOTO비데의 광고를 멋진 카피로 성공시켰다.

"여러분, 손이 더러워지면 씻지요. 손을 종이로 닦는 사람은 없잖아요. 왜 그럴까요? 종이로는 잘 닦여지지 않기 때문이죠. 엉덩이도 마찬가지입니다. 엉덩이도 물로 씻어주세요.”

어떤가. 비데에 관심 없던 사람조차도 생각을 고쳐먹지 않을까?

"뇌에도 알통이 있다"는, 삼성서울병원 신경과 나덕렬 교수가 한 말도 신선하다. 뇌와 알통의 결합? 몸에 근육이 필요한 것처럼 뇌에도 근육이 필요하다는 말이다. 뇌를 자꾸 써야 한다는 뜻을 뇌와 알통을 결합하여 강하게 전달하고 있다.

"연기는 후불제다." 연습을 많이 하면 반드시 보상이 온다는 뜻이다. 톱스타의 연기 선생으로 잘 알려진 안혁모 씨가 한 말로 많은 이들에게 회자되었다. "시간은 목숨이다", "만남은 눈뜸이다"(법정 스님), "상처는 스승이다"(정호승 시인), "사랑은 동사다"(헌혈협회 광고)라는 말도 상관없어 보이는 두 단어를 연결하여 잊을 수 없는 여운을 남긴다.

이종결합은 임팩트 있게 말하는 좋은 방법이다. 물론 거기에는 삶과 일에 대한 깊은 통찰이 배어 있어야 한다.

3

강렬한 스피치는 무엇이 다른가

IMPACT OF WORDS

시처럼, 광고처럼

　최고경영자과정 졸업식에서의 일이다. 1부는 공식 행사, 2부는 만찬이었다. 공식 행사에서는 주로 졸업장을 수여하고 총장 축사와 졸업생 답사를 하게 되는데, 너무 무미건조할 것 같아 외부 인사 한 분을 초청하여 20분 정도의 짧은 강연을 부탁했다. 진행상 그 시간을 초과하면 다음 행사에 차질이 생기기 때문에 시간 준수가 필수적이었다.

　초청한 강사는 사회적으로 명망도 높고 책도 많이 써서 이름만 대면 누구나 알 수 있는 사람이었다. 그런데 말에 끝이 없었다. 무슨 할 말이 그리도 많은지. 처음에는 눈을 반짝이며 듣던 사람들도 지루해하기 시작했다. 배도 고픈 상태였다. 진행자가 뒤에서 팔로 X표를 그리면서 그만해달라고 해도 막무가내였다. 급기야 사회자가 끝내달라는 메모까지 전달했는데도 들은 척 만 척이었다. 결국 20분 강연이 1시간이 지나서야 끝이 났다. 졸업식은 엉망이 되었다. 나는 그날, 아무리 좋은 이야기도 예정 시간을 넘겨 장시간 계속되면 듣는 이들에게 악몽이 될 수 있다는 사실을 뼈저리게 깨달았다.

말을 길게 하는 사람이 의외로 많다. 재미도 없고 내용도 없는 시시콜콜한 이야기를 오랜 시간 듣다 보면 인내에 한계를 느낀다. 별 이야기도 아닌 걸 별 이야기인 것처럼 장황하게 풀어놓으니 듣기에 힘들다. 친한 사이라면 말을 끊을 수도 있지만 어려운 사람인 경우 인내심을 갖고 들어야 한다. 정말 고역이다. 내가 바본가? 그런 얘길 뭘 그렇게 자세하게 이야기할까? 자기만의 이야기도 아니고 뉴스에서 흔하게 보는 그런 내용이다. 그래서 가끔 되묻는다.

"그러니까, 말씀하고자 하는 요지가 이렇고 저런 거 맞나요?"

대부분 그렇다고 대답한다. 그럴 때마다 기회가 되면 '말 정리 학원' 같은 거라도 만들고 싶은 충동을 느끼게 된다. 쓴 글을 고쳐주듯 말하는 걸 듣고 그 말을 축약해서 알려주고 다시 이야기하는 훈련을 시키는 그런 학원 말이다.

나는 강연을 주업으로 하는 사람으로 오랜 기간 강연을 해오면서 철학이 생겼다. 무조건 일찍 가기, 예정 시간은 절대 넘기지 않기, 대기실 대신 강연장에 가 있기 등이 그것이다. 일찍 현장에 가는 이유는 참석자들을 관찰하기 위해서다. 표정은 어떤지, 나이와 남녀의 성비는 어떤지, 복장이나 태도는 어떤지, 그들끼리 잘 웃고 떠드는지 아니면 적막강산인지, 앞부터 채우는지 반대인지, 메모장은 갖고 오는지 등등. 그 자체가 엄청난 정보다. 담당자의 백 마디 말보다 그들을 보면서 많은 것을 알수 있다. 강연할 내용이 저절로 떠오른다. 또 절대로 예정 시간을 넘기지 않는다. 아무리 좋은 내용도 예정 시간을 넘기는 순간 청중들에게 입력되지 않는다는 것을 잘 알기 때문이다.

짧은 언어가 세상을 움직인다

말은 자신의 생각을 전달하는 수단이다. 그 안의 핵심은 콘텐츠다. 생각이 있어야 하고, 그 생각이 잘 정리되어 있어야 말을 잘할 수 있다. 그래야 말하는 사람도 듣는 사람도 신이 난다. 말은 그냥 입을 열어 아무 얘기나 하는 게 아니다. 만약 '만남'이란 주제에 대해 5분 동안 자기 생각을 이야기하라면 어떻게 하겠는가? 별 생각이 없는 사람들은 주저리주저리 이야기할 것이다. 내용도 없고, 그러다 보면 말이 늘어질 것이다. 듣는 사람도 말하는 사람도 무슨 말을 하는지 모른다.

중요한 말은 짧게 해야 한다. 말이 길다는 것은 중요하지 않다는 것을 방증한다. 주기도문, 십계명, 미국의 독립선언서는 모두 짧다. 링컨의 유명한 게티즈버그 연설은 2분에 불과하다. 일반 대화에서도 한 사람의 이야기가 제일 듣기 좋은 시간은 45초다. 말에는 '한계효용체감의 법칙'이

작용한다. 사람들에게 무언가 옳은 것을 가르쳐주어야 한다고 생각하는 것은 좋다. 그러나 말이 길어지면 좋은 의도에도 불구하고 잔소리가 되고 만다. 말의 짧음은 사고의 깊음을 보여준다.

최고경영자과정 주임교수를 한 덕분에 여러 소모임에 자주 초청을 받는다. 한번은 골프모임에 갔을 때의 일이다. 라운딩이 끝나고 식사를 하는데 분위기가 화기애애하다. 오랜만에 만난 사이라 서로의 안부를 묻고 다들 바쁘다. 주최 측이 내게 건배사를 부탁했다. 나는 간단하게 말했다.

"제가 여기 와서 깨달은 게 있습니다. 제가 아무 말을 할 필요가 없다는 사실입니다. 말이 없어도 이렇게 재미있는데 무슨 긴 말이 필요하겠습니까? 다들 재미있게 노십시다. 건배!!"

많은 박수를 받았다. 잘해서가 아니라 식사 시간의 스피치는 짧을수록 좋다는 사실을 나도 알고 그들도 알고 있었기 때문이다.

정현종 시인은 '방문객'이란 시에서 이렇게 이야기했다.

"사람이 온다는 건 실은 어마어마한 일이다. 그는 그의 과거와 현재와 그리고 그의 미래와 함께 오기 때문이다. 한 사람의 일생이 오기 때문이다."

시인은 같은 말을 짧지만 멋지게 하는 선수다. 말을 짧게 잘하고 싶다면 시를 많이 읽으면 된다.

2000번 강연에서 얻은 깨달음

10년 이상 강연을 했다. 1년에 평균 200번 정도를 했으니 2,000번 이상은 한 것 같다. 주로 특강 형태의 강연이다. 1시간에서 2시간 사이에 내가 하고 싶은 이야기를 효과적으로 전달해야 한다. 그렇게 강연을 많이 했지만 지금도 할 때마다 긴장하게 된다. 강연은 그런 것이다.

수많은 강연을 통해 나름대로 터득한 강연의 철학과 노하우를 소개한다.

하고 싶은 말을 듣고 싶게 하라

강연은 목적이 제일 중요하다. 내가 오늘 이들을 모아놓고 무슨 말을 하고 싶은지를 생각해야 한다. 나에게는 디테일의 중요성, 조직을 죽이고 살리는 소통의 기술, 리더의 역할, 채용이 전부다. 중년예찬과 청춘예찬, 회사가 희망이다 같은 것이 주요 주제다. 이 외에도 고객들이 다양한 주제로 강연 요청을 한다. 위기에 빠진 조직을 구하는 법, 갈등관리, 가정의 평화를 유지하는 법, 배우자와 잘 지내는 법, 신입 사원의 태도 등등.

이때 몇 가지 생각할 게 있다.

첫째, 내가 정말 하고 싶은 말이 무엇인가를 생각해야 한다. 할 이야기를 한마디로 줄여보라. 말하는 사람이 횡설수설하는 것은 곤란하다. 이야기가 끝난 후 청중들이 "그래서, 뭐라는 얘기야?"라고 말하면 곤란하다.

둘째, 청중들이 듣고 싶어 하는 말이 무엇일까를 생각해야 한다. **내가 하고 싶은 말보다 중요한 것은 그들이 듣고 싶어 하는 말이다. 내가 무슨 이야기를 했느냐보다 중요한 것은 그들이 무슨 이야기를 들었느냐는 것이다.** 물론 내가 하고 싶은 말과 그들이 듣고 싶어 하는 말이 늘 일치하지는 않는다. 그렇지만 일치하면 큰 효과를 거둘 수 있다.

셋째, 어떻게 전달할 것인가를 생각해야 한다. 짧은 이야기라도 구조화를 해야 한다. 시작과 끝은 어떻게 할 것인지, 어떤 사례를 들 것인지, 유머를 활용한다면 어느 순간에 어떤 식으로 할 것인지를 생각해두어야 한다.

마지막으로, 내 이야기가 끝난 후 청중들이 무슨 생각을 하길 바라는지를 스스로에게 질문해봐야 한다. 그러면 강연할 때 핵심이 드러나고 힘이 생긴다.

청중을 모르면 실패한다

강연을 위해서는 청중이 누군지를 정확하게 알아야 한다. 그래야 소기의 목표를 달성할 수 있다. 여기서 퀴즈 하나. 다음 묘사는 누구에 관한 것일까?

'아무것도 알고 싶어 하지 않는다. 관심도 없다. 기초 지식도 없다. 억지로 끌려와 있다. 이야기가 끝나기만 기다리고 있다. 나에 대해 아무 호감이 없다.'

정답은 강연에 참석한 청중이다. 그런 청중을 대상으로 강의를 해야만 한다. 따라서 성공적인 소통을 위해서는 청중을 파악해야 한다. 청중은 방어적이다. 쉽게 마음을 열지 않는다. 호의적이지 않다. 적대감을 드러내는 경우도 있다. 누가 단상에 올라가든 "네가 얼마나 잘하는지 한번 보자"라고 벼르는 사람도 있다.

청중 파악은 강사에게 중요한 이슈다. 아무리 멋진 주제를 갖고 준비를 많이 해도 청중을 파악하지 못하면 실패할 가능성이 높다. 어떤 기대를 갖고 왔는지, 강연 주제에 대해 어떤 의견을 갖고 있는지, 이 문제에 대해 어떻게 생각하는지, 참석 동기가 무언지를 파악하라. 억지로 끌려왔는지, 제 발로 걸어왔는지도 알아야 한다. 이를 위해서는 사전에 충분한 조사를 해야 한다. 강연 전에 나는 담당자에게 다음과 같은 것들을 꼭 물어본다. 이번 강연의 목적이 무엇인지, 회사의 최근 이슈는 무엇인지, 분위기는 어떤지, 사장님은 무엇을 강조하는지. 하지만 그런 기초 정보만으로는 충분치 않다. 눈으로 직접 확인해야 한다. 일찍 도착해서 청중을 살피고 그 자리에 앉아 구경도 한다. 앞선 강연이 있으면 들으면서 분위기도 익힌다. 주변도 살피고, 사람들 표정이나 반응도 관찰한다. 휴식 시간에 서로 이야기를 하는지, 스마트폰이나 보고 있는 건 아닌지, 앞자리는 비워두는지 등도 좋은 정보가 된다.

입장 바꿔 생각하라

일방적으로 이야기를 하면서 직원들이 다 알아들었을 것으로 생각하는 사장님이 있다. 큰 착각이다. 사장님이 무슨 말을 했느냐는 하나도 중요하지 않다. 정말 중요한 것은 직원들이 무슨 말을 들었느냐는 것이다. 늘 상대 입장에서 생각할 수 있어야 한다. 말을 하면서도 상대는 무슨 생각을 할까, 이 말이 씨알이 먹힐까, 어떤 반응을 보일까, 씨알이 먹히는 말을 하기 위해서는 무슨 말을 해야 할까를 늘 생각해야 한다.

아이를 끼고 앉아 공부를 가르치던 엄마가 이야기한다.

"너는 어쩜 그럴 수 있니? 내가 그렇게 좋아하는 드라마까지 포기하면서 너를 가르치는데…."

그 말에 아이는 이렇게 대꾸한다.

"엄마, 드라마 포기하지 마세요. 제가 공부를 포기할게요."

입장 차이에 대한 극명한 유머다.

가장 훌륭한 낚시꾼은 물고기처럼 생각할 수 있는 사람이다. 물론 쉽지 않다. 30년간 정상급 대우를 받아온 드라마 작가가 있다. 마감일을 별로 중요하게 생각하지 않았다. 늘 쪽대본으로 방송사 사람들 사이에 악명이 높았다. 그러다가 자기 아들이 연출부에서 일하게 되었다. 이후 달라졌다. 대본 마감일을 꼭 지키게 되었다. 아들의 입을 통해 드라마 제작 현장에 있는 이들의 어려움을 실감했기 때문이다.

상대 입장을 알기 위해서는 그의 입장에서 바라보는 촉이 발달해야 한다. 그래야 상대를 이해하고 다른 사람들이 도저히 볼 수 없는 것을 볼 수 있다. 안도현 시인이 쓴 '연탄재'란 시가 있다.

"연탄재 함부로 차지 마라. 너는 누구에게 한 번이라도 뜨거운 사람이었느냐."

연탄의 입장에 서서 인간을 바라본 것이다. 어떻게 그런 생각을 할 수 있을까 신기하다. 입장을 바꿔 보면 공감하게 되고 놀라운 통찰을 얻게 된다.

시작이 전부다

처음이 중요하다. 처음 5분 동안 청중의 관심을 끌지 못하면 그 강연은 실패다. 여러 가지 방법을 사용할 수 있다. 소란스러울 경우 나는 침묵한다. 가만히 있다가 조용해진 다음 시작한다. 분위기를 잡기 위한 나름의 방법이다. 문이 열려 있으면 문도 닫고, 아직 전화하는 사람이 있으면 끝나길 기다린다.

그다음은 소개다. 나는 내 소개를 직접 한다. 그리고 되도록 상세하게 한다. 하는 일, 경력, 나이 등을 이야기한다. 일류대학을 나온 것, 특이한 경력(공학박사), 일찍 대기업 임원이 된 것, 그럼에도 불구하고 회사를 그만두고 전혀 다른 커리어를 밟은 것, 나이보다 젊어 보이는 외모 등이 사람들의 관심을 끈다. 고개를 숙이고 있던 사람도 고개를 든다.

내 소개를 통해 내가 오늘 주제에 대해 이야기할 만한 자격을 갖추었다는 사실을 알려야 한다. 소개가 충분치 못하면 사람들은 의심한다. 앞에 있는 사람이 오늘 주제에 대해 이야기할 만한 자격이 되는지를 계속 의심하기 때문에 집중하지 못한다. 그 부분을 명쾌하게 해소시켜주어야 한다.

소개는 영어로 introduce다. 이 단어는 intro(안으로)라는 말과 ducere(이끌다)라는 라틴어가 합해진 말이다. 화제의 안쪽으로 사람들을 유인한다는 말이다. 관중을 유인해 어떤 이야기가 나올지 귀를 기울이게 하는 것이다. 그렇기 때문에 소개에 신경을 써야 한다. 남이 하는 것보다 직접, 솔직하게 이야기하는 것이 효과적이다.

강연을 시작하기 전에 주목을 끌 만한 유머, 인용, 놀랄 만한 통계수치, 사례, 개인적인 경험 등을 이야기하는 것도 방법이다. 청중에게 질문을 던지는 것도 필요하다.

그런데 절대 해서는 안 되는 말이 있다. 자기 비하의 말이다. "저 같은 사람이 자격은 없지만… 어쩌구…." 자격이 없으면 오질 말았어야지, 와 놓고 그게 무슨 말도 안 되는 소리인가. 이는 강사, 청중, 소개한 사람 모두를 죽이는 행위다. 변명하는 말도 하지 마라. 오고 싶지 않았는데 하도 부탁을 해서 왔다는 따위의 말은 정말 쓸데없다. 그럼 앉아 있는 사람들은 오고 싶지 않은 사람을 억지로 끌고 온 사람밖에 더 되겠는가. 지나친 사과의 말이나 잘난 척도 좋지 않다. 차라리 그냥 본론으로 들어가는 게 낫다.

동양학자 조용헌 선생은 아무런 소개나 인사도 없이 바로 본론으로 시작한다. "여수에 가면 말이지요. 영화 〈가문의 영광〉의 배경으로 나오는 집이 있습니다. 그 집 주인은 어쩌구…" 하는데 괜찮다. 나쁘지 않다. 오히려 흥미롭다. 내 경우는 질문을 몇 가지 던지고 청중의 답변을 유도한다. 내 책을 몇 권 가져가서 답하는 사람들에게 나누어줌으로써 분위기를 띄운다. 정답은 없다. 상황마다 다르다. 중요한 것은 초반에 청중을 끌어들여야 성공한다는 사실이다.

청중과 눈을 맞추라

소통에서 눈 맞춤(eye contact)은 필수적이다. 남녀가 정분이 난 것을 눈이 맞았다고 한다. 뒤집어 생각하면 눈을 맞추지 않고는 정분이 날 수 없다는 이야기다. 강연을 할 때에도 눈 맞춤은 필수다. 청중이 나를 보지 않으면 강연을 할 수 없다. 그런 강연은 강연이 아니다. 강사는 강연하는 척하는 것이고, 청중은 듣는 척하는 것에 불과하다. 청중의 눈을 사로잡지 못하는 강연은 실패할 가능성이 높다.

요즘 강연에서 눈 맞춤의 최대 장애물은 빔 프로젝터다. 사람들이 빔을 보느라 강사를 보지 않는다. 그걸 볼 때마다 이런 생각이 든다.

'옛날 플라톤이나 아리스토텔레스는 어떻게 제자들을 키웠을까? 어떻게 사람들과 커뮤니케이션을 했을까?'

나는 가능하면 파워포인트를 쓰지 않는다. 다른 도구도 없다. 칠판 정도를 쓰는 편이다. 그렇게 하는 이유가 있다. 우선, 분위기를 보지 않으면 강연할 내용이 정리되지 않기 때문이다. 하고 싶은 이야기를 파워포인트로 정리했다가 생각이 바뀌면 난감할 것 같다. 또한 기계는 에러 가능성이 다분하다. 갑자기 작동하지 않으면 강연은 엉망이 된다. 하지만 무엇보다 내가 빔을 쓰지 않는 것은 청중들과 눈을 맞출 수 없기 때문이다. 눈을 맞추지 못하면 커뮤니케이션이 실패할 공산이 크다. 그래서 시작 전에 눈을 맞추게끔 주의를 환기시킨다. 다른 곳을 보거나 밑을 보고 있으면 "저를 좀 봐주시면 안 돼요?"라는 식으로 자연스럽게 눈 맞추기를 유도한다.

강연은 일방적으로 보이지만 절대 일방적인 행위가 아니다. 청중의 반응에 따라 내 이야기가 달라진다. 그들을 보면서 내 이야기를 조절해야 한다. 그래서 눈 맞춤은 필수적이다. 그런 면에서 무언가를 읽으면서 하는 강연은 커뮤니케이션이 아니다. 청중들이 눈을 맞추지 않으면 강연을 중단하고 차라리 그들끼리 잡담을 하게 하는 편이 낫다.

스킬보다 콘텐츠

무엇보다 강연의 핵심은 내용, 즉 콘텐츠다. 뭔가 들을 만한 내용이 있어야 한다. 사람들을 끌어들이고, 호기심을 자극할 만한 그 무엇이 있어야 한다. 그게 없으면 실패다.

한번은 유명 아나운서가 나와서 소통을 주제로 강연했다. 좋은 인물에, 목소리도 좋고, 알려진 사람이라 나부터 귀를 쫑긋 세우고 이야기를 들었다. 근데 내용이 없었다. 그저 번지르르한 이야기, 다 알려진 이야기, 너도 알고 나도 아는 이야기만을 높은 톤으로 반복했다. 사실 강연 전부터 의심은 했다. 내가 생각하는 그 아나운서는 소통 전문가가 아니었다. 무지 젊었다. 조직을 이끌어본 적도 없고, 공부를 많이 한 사람도 아니었다. 경험이라곤 주어진 대본을 열심히 읽는 것뿐이었을 텐데 소통에 대해 무슨 이야기를 할까 미심쩍었다.

　말하는 것이 조금 서툴러도 내용이 알차면 그 강연은 성공이다. 홍수환이나 엄홍길 같은 사람이 유명 강사인 까닭은 말을 잘하기보다 콘텐츠가 확실하기 때문이다. 콘텐츠가 확실하면 다른 것이 약해도 문제가 되지 않는다. 반대로 콘텐츠가 부실하면 다른 스킬이 뛰어나도 문제가 된다.

도대체 결론이 뭐야?

　강연을 할 때나 이야기를 할 때 서론이 긴 사람들이 있다. 도대체 무슨 이야기를 하려고 저렇게 뜸을 들이고, 취지와 배경 설명을 늘어놓을까 자꾸 딴 생각을 하게 된다. 서론이 긴 사람치고 멋진 이야기를 하는 사람을 본 적이 없다. 쓸데없이 서론이 길다는 것은 별 내용이 없다는 방증이다. 내용이 없으니까 괜히 엉뚱한 곳에 시간을 쓰는 것이다.

　말을 할 때는 결론부터 꺼내는 것이 좋다. 결론부터 이야기하기 어려울 때도 되도록 서론을 짧게 하는 것이 유리하다. 앞에서 진을 빼면 막상 본론에서 힘이 빠지기 때문이다. 이와 관련해서 어느 유머집에서 본 사례를 인용한다.

　바로 전입을 한 신병에게 고참이 짓궂은 질문을 던진다.

　"야, 너 여동생이나 누나 있어?"

"옛, 이병 홍길동! 누나가 한 명 있습니다!"

"그래? 몇 살인데?"

"24살입니다."

"진짜야? 예쁘냐?"

"네, 무지 예쁩니다."

그러자 내무반의 모든 시선이 신병에게 쏠리면서 고참들이 하나 둘 모여 앉았다.

"그래, 키가 얼마야?"

"168센티입니다!"

옆에 있던 다른 고참이 묻는다.

"몸매는 예쁘냐? 얼굴은?"

"미스코리아 뺨칩니다."

그러자 왕고참이 다시 끼어들며 말했다.

"넌 오늘부터 군생활 폈다. 야, 오늘부터 애 건들지 마! 건드리는 놈들은 다 죽을 줄 알아! 너, 나와 진지한 대화 좀 해보자."

"야~ 근데, 니 누나 가슴 크냐?"

"옛! 큽니다."

갑자기 내무반이 조용해지더니 별 관심을 보이지 않던 고참들까지 모두 모여 들었다.

"어? 근데, 네가 어떻게 알아. 네가 봤어?"

신병이 잠깐 머뭇거리며 말했다.

"옛! 봤습니다."

고참들이 모두 황당해하며 물었다.

"언제 어떻게 봤는데? 인마! 빨리 이야기해!"

그러자 신병이 약간 생각을 하다가 대답했다.

"조카 젖 줄 때 봤습니다!"

그날 이 신병은 죽도록 맞았다. 중요한 결론을 맨 나중에 말했기 때문이다.

마무리에 앞서 예고를

'끝이 좋으면 다 좋다'는 말이 있다. 강연에서도 마찬가지다. 중간이 다소 부실해도 마무리를 잘하면 청중들은 멋진 강연으로 기억한다. 갑작스럽게 끝내면 청중들은 당황한다. 밑도 끝도 없이 "이제 우리 그만 만나" 하는 것과 같다. 아직 하고 싶은 말이 있지만 시간 관계상 끝내겠다고 말하는 것도 좋지 않다. 시간 조절에 실패했다는 사실을 인정하는 말이다. 칭찬을 구하는 말도 피해야 한다. "강의 좋았지요?" 같은 말을 하면 좋았던 기분도 사라진다. 예고를 하고도 끝내지 않는 것은 최악이다. 끝날 듯 끝나지 않으면 사람들은 더 이상 듣지 않는다. 최악은 부정적 결말을 내는 것이다. "우리에게 더 이상 희망은 없습니다" 같은 말이다.

그런 말을 들으려고 강연장에 온 사람은 없다. 시간 낭비다.

나는 강연 때 꼭 마무리하겠다는 예고를 하고 마무리를 한다. 강연에서 했던 이야기 중 핵심 메시지를 간결하게 요약한다. "제가 오늘 한 이야기는 첫째, 둘째…" 이런 식이다. 그리고 그들에게 축복의 말을 하고 끝낸다. "이번 기회에 새로운 습관을 만들어보시길 권합니다"처럼 무언가를 요청하거나 멋진 소식을 전해주는 것도 좋은 마무리 방법이다.

강연이 잘되는 날

수많은 곳에서 강연을 하는 나는 청중에 따라 달라지는 내 모습을 발견한다. 똑같은 한근태지만 청중이 누구냐에 따라 끝내주는 강연을 하기도 하고 버벅대기도 하는 나를 본다. 어떻게 이런 일이 있을 수 있을까? 핵심은 리액션이다. 청중의 리액션에 따라 강연의 품질이 확 달라진다. 가장 반응이 좋은 곳은 아주머니들이 많은 곳이다.

몇 번 출연했던 KBS 〈아침마당〉은 내게 깊은 인상으로 남아 있다. 진행자인 이금희, 김재원 아나운서는 프로다. 친절하고 다정다감하다. 워낙 오랫동안 프로를 진행해서 출연자의 마음을 어떻게 열어야 하는지, 말문이 막힐 때 어떤 역할을 해야 하는지, 딱딱할 때 어떤 말로 분위기를 반전시켜야 하는지를 잘 알고 있다. 청중들도 훈련된 사람들이다. 어떻게 해야 강사가 신나게 이야기하는지를 숙지하고 있다. 다들 반듯한 자세로 눈을 맞춘다. 강사가 하는 말에 따라 고개를 끄덕이기도 하고 감탄하기도 한다. 내용에 따라 표정이 움직인다. 웃어야 할 때 신나게 웃고, 진지할 때 진지해진다.

첫 출연 때 카메라를 의식해 다소 긴장했지만 시간이 지나면서 나도 모르게 강연에 몰입할 수 있었다. 청중들이 뜨거운 반응을 보이니 나 자신 신이 나서 열심히 떠들었다. 강연을 하면서도 '정말 오늘은 강연이 잘되네'라고 생각했다. 성공적인 강연이었다. 나 자신이 그렇게 강연을 잘하는지 새삼 깨닫는 시간이었다.

반면 40대 이상의 아저씨들을 대상으로 한 강연은 대체로 힘이 든다. 관료적인 문화를 가진 조직일수록 정도가 심하다. 다들 피곤해 보인다. 강연 전부터 침묵이 흐른다. 물어도 대답이 없다. 스마트폰을 들여다보거나 눈을 감고 있다. 마치 이렇게 말하는 것 같다.

"넌 누구니? 감히 내게 강의를 해? 난 듣고 싶지 않아. 당신이 무슨 말을 해도 듣지 않을 거야. 아무리 웃겨도 절대 웃지 않을 거야."

눈을 마주치지 않는 사람이 많다. 다른 곳을 보거나 고개를 숙이고 있다. 표징도 없고 사세 또한 삐삑하다. 발짱을 끼거나 봄을 뒤로 젖히고 있다. 노려보기까지 하는 사람도 있다. 전혀 준비되지 않은 곳이다. 가벼운 자폐 증세를 보이는 사람들이다.

이런 곳에서는 어떻게 강연을 할지 시작도 하기 전부터 암담하다. 한

숨부터 나온다. 자꾸 버벅거리게 되고 말이 꼬인다. 웃어주어야 할 때 웃지 않으니 내가 뭔가 죄를 짓는 것 같은 기분이다. 그렇게 강연을 하고 나면 온몸의 힘이 쫙 빠진다. 청중도 힘들고 나도 힘들다.

명강사가 헤매는 이유

강연이 성공하기 위해서는 강사 못지않게 청중이 중요하다. 청중들 반응이 좋으면 후진 강사도 잘할 수 있지만 청중이 냉랭한 반응을 보이면 명강사도 헤맬 수 있다. 이게 인간이다. 하지만 사람들은 강연의 책임은 오로지 강사가 져야 한다고 생각한다. 강연 후 청중은 평가하지 않고 강사만 평가하는 것만 봐도 알 수 있다. 물론 강사에게 70%의 책임이 있다. 강사가 주연이다. 하지만 강연은 강사 혼자 하는 게 아니다. 강사와 청중이 함께 하는 것이다. 그런 면에서 강연은 가수들의 공연과 비슷하다. 우선, 혼자서는 할 수 없다. 관중 없는 공연이 존재하지 않듯이 혼자 떠드는 강연은 강연이 아니다. 둘째, 공연이 관중의 반응에 좌우되듯 강연도 일정 부분 청중에 의해 움직인다. 천하의 명가수도 관중이 작심하면 망칠 수 있다. 그가 부르는 노래에 아무 반응을 보이지 않거나 시큰둥한 반응을 보이면 된다. 그만큼 리액션이 중요하다. 리액션에 따라 강연이 살기도 하고 죽기도 한다.

리액션을 유도하기 위해 나는 몇 가지 방법을 사용한다. 선물을 준비해서 리액션을 잘하는 사람들에게 선물을 준다. 중간중간 질문도 던진다. 답하기에 편하면서 흥미를 끄는 질문을 던지고 그래도 답이 없을 때는 사지선다형으로 풀어 손을 들게끔 하기도 한다. 박수나 환호성도 수시로 요청한다. "박수 한 번 주세요"라고 말해서 거절당한 적이 한 번도 없다. 그만큼 사람들은 리액션을 할 준비가 되어 있다. "다음 말을 따라 해주세요"라고 부탁하기도 한다. '수신제가 치국평천하입니다', '기회는 준비된 사람에게 옵니다'와 같은 말이다. 그러면 열심히 따라 한다. 그러면서 사람들 태도가 달라지고 분위기가 바뀐다. 머리로 알고 있는 것과 입으로 말하는 것에는 큰 차이가 있다. 최악은 리액션이 없다며 자꾸 불평하는 것이다. 그러면 리액션은 점점 더 사라진다.

일상에서도 리액션은 정말 중요하다. 리액션에 따라 액션이 달라지기 때문이다. 일종의 작용-반작용이다. 고객이 하는 말에 별 리액션이 없으면 고객은 당신을 떠날 수 있다. 아내가 하는 말에 리액션이 없으면 이혼당할 수도 있다. 선물을 받고도 시큰둥하면 다시는 선물을 못 받는 수가 있다. 친구가 하는 말에 반응을 보이지 않으면 친구 역시 당신 말에 반응을 보이지 않을 것이다.

리액션을 보면 그 사람이 어떤 사람인지 알 수 있다. 리액션이 강한 사람은 삶에 대한 의지가 강한 사람이다. 리액션이 없는 사람은 삶의 의지가 없는 사람이다. 당신은 어떤 사람인가?

대한민국 국회, 왜 소통이 안 될까

강연에서는 하드웨어도 중요한 역할을 한다. 강연의 스킬만큼이나 환경도 강연의 성패에 영향을 미친다.

우선, 강의실의 크기다. 강연을 많이 하는 나는 강의실 넓이에 민감하다. 강의실은 강의에 알맞은 적정 사이즈가 있다. 다소 좁은 것이 쓸데없이 넓은 것보다 훨씬 낫다. 콩나물 시루 같은 학원 강의실에서 많은 학부형들을 상대로 강연을 한 적이 있다. 최고였다. 오랜 시간 강연을 듣기에는 불편하지만 효과는 최고다. 집중도가 높다. 서로가 서로를 잘 볼 수 있다. 좁으니까 사람들도 딴짓을 못한다. 마이크 없이 육성으로도 얼마든지 의사 전달이 가능하다. 자리가 조금 불편하니까 강연을 오래 할 수도 없다. 반면에 강의실이 쓸데없이 넓으면 좋지 않다. 호텔에서 식사를 하면서 하는 강연이 그렇다. 사람이 적으면 괜찮지만 100명만 넘어가도 문제가 생긴다. 다들 라운드테이블에 앉아 있기 때문에 숫자에 비해 너무 퍼져 있다. 뒤에 있는 사람들은 얼굴도 보이지 않는다. 카펫이 깔려 있어 육성이 다 흡수된다. 퍼져도 옆으로 퍼져 있으면 그나마 낫다. 긴 강의실은 아주 나쁘다.

핵심은 강연하는 사람과 듣는 사람 사이의 거리다. 적어도 서로의 얼굴을 볼 수 있어야 한다. 피치 못해 넓은 곳에서 강연할 경우에는 중간에서 강연을 하는 것도 방법이다. 패션쇼처럼 청중 사이로 길게 길을 내서 강사가 왔다 갔다 하는 방법도 있다. 가능한 한 말하는 사람과 청중 사이의 거리를 좁힐 수 있어야 한다.

둘째, 조명이다. 별로 의식하지 않지만 매우 중요한 요소다. 이왕이면 밝고 경관 좋은 것이 강연에 도움이 된다. 골프장 클럽하우스에 있는 강의실이 최고다. 너무 마음에 든다. 같은 밥을 먹어도 클럽하우스에서는 기분이 다르다. 맛이 더 좋다. 강연도 그렇다. 꽉 막힌 곳에서 듣는 것과 푸른 필드를 보면서 듣는 것은 완전 다른 일이다. 경치를 보면서 사람들은 마음의 문을 연다. 최악은 어두침침한 극장이다. 극장에서 강연한 적이 있다. 다시는 히고 싶지 않다. 극장은 조명을 밝게 할 수 없다. 한계가 있다. 극장은 그야말로 영화를 보기 위한 곳이다. 대한민국의 연수원들도 강의하기에 불편하다. 안 다녀본 데가 없을 정도지만 이해할 수 없는 구석이 있다. 경관 좋은 곳에 자리하고 있는데도 연수원 안의 강당에는 대부분 창이 없다는 것이다. 창문이 있는 강의실조차도 커튼이 내려져 있다. 왜 그런지 물어봤더니 주의가 산만하면 강연에 집중할 수 없기 때문이란다. 웃기는 얘기다. 그러면 경치 좋은 곳에 연수원을 지을 일이 뭐 있겠는가. 또 강연에 집중시키는 것은 강사의 역할이다. 경치 보는 것보다도 못한 강연을 한다면 그 사람은 강사 자격이 없는 것이다.

나는 강연을 시작하기 전에 언제나 커튼을 올린다. 그리고 이렇게 말한다.

"제가 커튼을 올린 이유를 아시나요? 옵션을 드리기 위해섭니다. 강연이 강연 같지 않으면 창밖이라도 감상하라는 의미입니다."

농담처럼 말하지만 농담만은 아니다.

레이아웃을 바꿔라

셋째, 레이아웃이다. 강연을 할 때와 워크숍을 할 때는 배치가 달라야 한다. 강연 때는 아무것도 없이 강사를 보게끔 하는 것이 최선이고, 워크숍 때는 삼삼오오 이야기를 나누게끔 책상을 배치하는 것이 제일이다. 최악은 국무회의 형태의 회의실에서 하는 강연이다. 먼저 컴퓨터가 시선을 방해한다. 컴퓨터를 보느라 말하는 사람을 보지 않는다. 사람들의 참여를 방해한다. 빈 공간이 너무 많다. 사람은 몇 안 되는데 둥그렇게 앉아 있기 때문에 마이크를 써서 커뮤니케이션을 한다. 다음은 빔이다. 다들 빔을 보느라 서로를 보지 않는다. 빔이 없을 때 사람들은 어떻게 회의를 했을까? 빔은 자동차 불빛과 같다. 유익한 도구지만 과도하게 사용하면 오히려 흐름을 방해한다.

나는 대한민국 국회가 제대로 작동하지 않는 이유 중 하나가 레이아웃이라고 생각한다. 너무 넓다. 여당과 야당 사이의 물리적 거리가 벌어져 있다. 연설할 때 말하는 사람과 듣는 사람 사이도 너무 떨어져 있다. 의원석마다 놓여 있는 컴퓨터도 눈에 거슬린다. 도대체 그런 곳에서 어떻게 커뮤니케이션을 할 수 있겠는가.

〈철의 여인〉이란 영화를 보라. 영국 국회 모습이 보인다. 야당과 여당 의원들이 마주 보고 있다. 너무 가까워 거의 닿을 지경이다. 둘 사이가 너무 가까워 불편할 것 같다. 컴퓨터도 없다. 다들 눈을 보고 이야기한다. 저렇게 가까이 있으면 욕도 못할 것 같다. 소통을 위해서는 가까운 거리, 크지 않은 공간이 유리하다. 한자를 봐도 알 수 있다. 작은 방을 뜻 하는 한자는 사(舍)다. 사람 인(人)에 길할 길(吉). 작은 방이 사람에게 좋다는 말이다. 반면 큰 집을 뜻하는 한자는 옥(屋)이다. 죽을 시(尸)에 다할 지(至)다. 마음껏 누리면 죽는다는 말이다.

청와대의 레이아웃에 관한 기사를 본 적이 있다. 소통하기에는 최악의 구조라는 것이다. 비서관조차 대통령을 만나러 갈 때 차로 이동한다고 한다. 누구 한 사람 부르려고 해도 건물과 건물 사이를 오고 가야 한다고 한다. 고쳐야 한다. 국무회의실도 그렇다. 사이즈를 대폭 줄이고 책상도 없애고 빔과 컴퓨터도 없애야 한다. 그래서 대통령과 국무위원들이 붙어 앉아 서로의 눈을 보며 커뮤니케이션하면 좋겠다. 당신 회사의 회의실은 어떤가?

성공하는 스토리텔러는 무엇이 다른가

담배를 피우던 시절, 지포라이터를 열심히 사용했다. 계기는 거기에 얽힌 이야기 때문이다.

"2차 세계대전 때의 일이다. 비행기가 격추되어 낙하산을 타고 탈출하던 조종사가 지포라이터를 갈대숲에 흘렸다. 오랜 세월이 지난 후 그곳을 지나던 행인이 그 라이터를 주웠다. 혹시나 해서 작동을 해보니 불이 켜지더라."

세상에 그런 거짓말이 어디 있는가. 하지만 이상하게 그 이야기는 잊히지 않는다. 지포라이터를 볼 때마다 생각이 난다. 그게 바로 이야기의 힘이다.

개인도 그렇다. 조용헌 선생은 최고의 스토리텔러다. 그분 이야기를 들고 있으면 시간 가는 줄 모른다. IGM의 강신장 원장도 그렇다. 그런 분들과 같이 있는 것은 큰 기쁨이다. 그만큼 사람들은 이야기를 좋아한다. 나 역시 그렇다. 이야기가 많고 재미있는 사람과는 시간 아까운 줄 모르고 대화를 나누게 된다. 기업도 그렇다. 무미건조한 기업보다는 이야깃거리가 많은 기업에 관심이 간다. 그래서 많은 기업들이 스토리를 만들어낸다.

나 역시 스토리텔러다. 스토리를 팔아서 생계를 유지한다. 책을 통해, 강연을 통해, 자문을 통해 스토리를 전달하고, 그것을 통해 고객이 스스로 깨닫게끔 도와주는 것이 내 직업이다. 사람들은 논리에 의해 설득당하지 않는다. 논리는 기억하기도 힘들고 재미도 없다. 개인과 조직의 성공을 위해서는 멋진 스토리를 만들고 이 스토리를 재미있게 전할 수 있어야 한다.

토마토를 더 넣어라

성공하는 스토리텔러가 되려면 몇 가지 조건이 필요하다.

첫째, 풍부한 이야깃거리가 있어야 한다. 이를 위해서는 다양한 경험과 지식이 필수적이다. 많은 경험을 쌓고 여러 분야의 책을 읽어야 한다. 영화를 보는 것도 방법이다. 다른 사람의 이야기도 귀담아 들어야 한다. 최고의 스토리텔러인 소설가는 들은 것으로 이야기를 지어낸다. 박완서 씨는 어린 시절 이야기꾼인 어머니로부터 많은 이야기를 들은 것이 자양분이 되었다. 신경숙 씨는 젊은 시절 고생이 오늘의 그를 만들었다. 이야기는 그냥 생기지 않는다. 산전수전 겪어봐야 이야기가 만들어진다. 그런 의미에서 나쁜 일도 잘 소화만 하면 훌륭한 이야깃거리가 될 수 있다. 예전에 물을 오염시켜 사회에 물의를 빚은 회사가 있다. 요즘 그 회사는 물 사업으로 재미를 보고 있는데 핵심이 바로 옛날의 사고 친 경험이다.

둘째, 일정한 숙성 기간이 필요하다. 경험이 바로 이야기가 되는 것은 아니다. 숙성을 거쳐야 한다. 그래야 나만의 이야기로 진화, 발전할 수 있다. 그러다 보면 어느 순간 자기 이야기를 하고 싶은 욕구를 느낀다. 어떤 형태로든 풀어내고 싶어진다. 박완서 씨는 평범한 삶을 살다 6·25를 통해 엄청난 충격을 받는다. 사랑하는 오빠를 잃고 가족 전체가 험한 꼴을 당한다. PX에서 일을 하면서 소녀가장 노릇도 하고 그 과정에서 박수근 화백을 만난다. 그녀는 그를 별 볼일 없는 화가로 생각했다. 그러다가 전시회를 보고 그가 거물이란 사실을 알게 된다. 미안한 마음에 그분 이야기를 해야겠다고 생각해서 글을 쓴 것이 《나목》이 되었다. 나이 마흔에 벌어진 일이다.

셋째, 자기 경험을 남 이야기처럼 객관화하여 이야기해보는 훈련이 필요하다. MBA과정에서는 케이스스터디를 많이 한다. 회사의 현재 상황을 설명하고 경영자가 그 위기에서 어떻게 벗어날지 고민하다가 결단을 내린다. 학생들에게 어떻게 될 것 같은지 질문한다. 모든 것이 스토리텔링으로 이루어진다. 스토리텔러가 되려면 스스로 그런 훈련을 할 필요가 있다. 수많은 사건과 갈등을 남의 일처럼 객관화해 보는 것이다. 지금 상황에서 어떤 결정을 할 것인지, 시간이 지난 후 지금의 결정에 대해 어떻게 생각하게 될지 미리 생각해보는 것이다. 그러다 보면 의외의 해결책을 찾을 수 있다.

〈뉴욕타임스〉도 1970년대 위기를 겪었다. 독자는 줄고 비용은 높아지면서 적자가 생긴 것이다. 경영진은 구조조정을 실시해 비용을 절감할 것인지, 아니면 새롭고 질 높은 기사로 독자층을 넓힐지 갈림길에 선다. 그때 편집국장 에이브러햄 로젠탈은 모든 직원을 모아놓고 유명한 '수프 연설'을 한다.

"우리는 지금 수프를 만들고 있습니다. 우리에겐 두 가지 길이 있습니다. 지금 만들고 있는 수프에 물을 더 넣어 기사 품질을 떨어뜨릴 것인가, 아니면 토마토를 더 넣어 지면을 개선할 것인가. 저는 토마토를 더 넣는 편을 선택하겠습니다."

얼마나 호소력이 있는 연설인가. 이게 바로 비유의 힘이자 이야기의 힘이다. 탁월한 스토리텔러가 조직을 움직이고 위기를 돌파한다.

침묵의 힘

　나의 일은 대부분 말로 이루어진다. 강의하고, 자문하고, 코칭하고, 인터뷰하는 게 일이다. 모두 말이 매개체다. 말하지 않고는 아무것도 할 수 없다. 그런 연유로 사람들은 내가 말이 많을 걸로 오해한다. 무척 사교적인 사람으로 착각한다. 기회만 되면 이야기를 늘어놓을 것으로 생각한다. 사실은 그렇지 않다. 말을 해야 할 때 외의 시간은 조용히 지내려 애를 쓴다. 의도적으로 혼자만의 시간을 확보하고 그 시간을 즐긴다. 떠드는 시간만큼 혼자만의 시간을 가지려고 한다. 어떨 때는 밥도 혼자 먹고, 영화도 혼자 보고, 산책도 혼자 한다.
　혼자 밥 먹는 것을 의아해하는 사람이 있다. 혼자 밥 먹는 게 싫어 아예 굶는다는 사람도 있다. 《혼자 밥 먹지 마라》는 책까지 나왔다. 그럴 수 있다. 하지만 혼자 밥 먹는 즐거움도 있다. 혼자 밥을 먹으면 세상이 편하다. 남 눈치 볼 것도 없고, 억지로 말할 필요도 없다. 그냥 밥 먹는 일에만 집중하면 된다. 내 마음대로 신문을 봐도 누가 뭐라 하지 않는다. 혼자 있으면 나 자신과 마주하게 된다. 영혼이 맑아지고 내 삶에 대해 생각하게 된다. 새로운 아이디어도 떠오르고 반성도 하게 된다.

얼마 전 국가적으로 정전훈련을 실시했다. 정전을 가상한 훈련이다. 그걸 보면서 정전훈련 대신 침묵훈련을 해보면 어떨까 하는 상상을 해보았다. 간단하다. 시간을 정해 그 시간 동안 모든 사람들이 입을 다무는 거다. 절대 말하면 안 된다. 개인뿐 아니라 모든 관공서와 회사에서도 일체 이야기를 하면 안 된다. 회의도 안 되고, 연설도 안 된다. 이유 불문하고 모두가 입을 다물어야 한다. 전화도 안 된다. 모든 라디오와 텔레비전 방송도 중지한다. SNS도 하지 못한다. 어떤 말도 하지 말아야 한다. 과연 어떤 일이 벌어질까? 이를 몇 분 동안만 하는 게 아니라 중동 사람들의 라마단 기간 금식처럼 일주일쯤 한다면 어떨까? 상상할 수 없는 혼란이 올 것이다. 불편할 것이다. 하지만 세상은 정말 고요하고 평화로울 것 같다.

말을 하기 전에 해야 할 일

나는 번잡한 사람을 좋아하지 않는다. 계속해서 뭔가를 떠들고 주장하는 사람도 가까이하지 않는다. 혼자 있는 시간을 못 견뎌 하는 사람은 높이 평가하지 않는다. 다 정신없는 사람들이다. 그런 사람의 말과 행동은 믿을 게 못 된다.

"우리 회사는 너무 말이 많아요"란 말을 가끔 듣는다. 쓸데없는 말 때문에 힘들다는 것이다. 우리 사회가 바로 그렇다. 말이 많다. 많아도 너~무 많다. 따지고 비방하고 험담하는 말, 쓸데없는 말, 시기하고 질투하는 말, 거짓말 등등. 아무 도움이 안 되는 말이다. 들을 필요도 알 필요도 없는 말이다. 그렇게 많이 떠드는 것이 무슨 효용이 있을까?

모든 것이 그러하듯 넘치면 문제가 된다. 특히 말이 그렇다. 빛이 있어야 그림자가 있고 슬픔이 있어야 기쁨이 있듯이, 침묵이 있어야 말이 귀하고 아름답다. 그렇기 때문에 종종 침묵해야 한다. 침묵할 수 있어야 한다. 하고 싶은 말이 있어도 참을 줄 알아야 한다.

말은 침묵에서 나와야 한다. 침묵을 배경으로 하지 않는 말은 소음이다. 인간은 침묵을 통해 성장한다. 침묵 속에서 깊이 생각할 수 있고 내 존재를 자각한다. 이때 비로소 자기 언어를 갖고 자기 말에 책임을 느낀다. 처칠은 시간만 나면 방음장치가 된 자기 방에 홀로 있기를 좋아했다. 드골도 집무실에 들어가면 전화기가 울리지 못하도록 했다. 수도자들은 주기적으로 아무 말도 하지 않는 피정의 시간을 갖는다. 입을 다물어야 귀가 열린다. 침묵을 거쳐야 생각을 정리할 수 있다. 그래야 제대로 된 말을 할 수 있다. 말을 잘하기 위해서는 그만큼 말을 하지 않는, 혼자만의 시간이 필요하다.

중국 명나라 문인 진계유가 쓴 '뒤에야'란 시는 침묵의 중요성을 단적으로 설파한다.

> 고요히 앉아본 뒤에야 평상시 마음이 경박했음을 알았네
> 침묵을 지킨 뒤에야 지난날 언어가 소란스러웠음을 알았네
> 일을 돌아본 뒤에야 시간을 무의미하게 보냈음을 알았네
> 문을 닫아건 뒤에야 앞서의 사귐이 지나쳤음을 알았네
> 욕심을 줄인 뒤에야 이전의 잘못이 많았음을 알았네
> 마음을 쏟은 뒤에야 평소에 마음 씀씀이 각박했음을 알았네

나는 종종 강연을 침묵으로 시작한다. 그냥 서 있는다. 가만히 청중을 바라본다. 조금 지나면 시끄럽던 강의실이 조용해진다. 청중이 나를 보기 시작한다. 그때 입을 열면 효과적으로 강연을 시작할 수 있다. 침묵도 커뮤니케이션의 한 방법이다. 어떨 때는 백 마디 말보다 낫다. 침묵도 이야기다.

당신은 어떤가? 말이 많은가, 아니면 없는 편인가? 가끔 침묵의 시간을 갖는가, 아니면 침묵의 시간을 못 견뎌 하는가? 혹시 등산을 하거나 사우나를 할 때에도 라디오 소리를 들어야 마음의 평화를 느낀다면 다시 생각해볼 일이다.

4

생활을 지배하는
대화의 기술

IMPACT OF WORDS

대화는 탁구다

대화는 영어로 다이얼로그(dialogue)다. 둘이 한다는 의미다. 혼자만 떠든다면 이는 다이얼로그가 아니라 모놀로그(monologue)다. 수다는 어떨까? 모놀로그는 아니지만 대화라고 할 수도 없다.

아줌마들은 대체로 수다를 잘 떤다. 집사람은 친한 아줌마들을 만나면 대여섯 시간 수다가 기본이다. 맨 정신에 어떻게 저렇게 오랫동안 이야기를 할 수 있는지 신기할 정도다. 아저씨들은 그렇지 못하다. 일방적인 경우가 많다. 거의 녹백 수준이다. 정치적 소신을 말하든지, 사회를 비판하든지 혼자서 장구 치고 북 치고 다 한다. 오고 가는 맛이 적다. 그래서 따분함이 느껴진다.

수다나 독백은 대화가 아니다. 수다는 연예인 이야기, 사돈의 팔촌 이야기, 신문에서 읽은 이야기 등 나와 상관없는 사람의 이야기를 잔뜩 늘어놓는 것이다. 잠시는 들을 만하지만 이어지지도 못하고 별 의미도 없다. 독백은 자기 이야기만 하는 것이다. 상대가 관심이 있건 없건 자기가 얼마나 잘났는지, 자기가 다녀온 여행지가 얼마나 멋진지를 떠들어대는 것이다. 지루하다. 하지만 독백하는 사람은 자신이 독백하고 있다는 사실조차 눈치 채지 못하고 마이크를 독점한 채 혼자만 신이 나서 이야기한다. 권력을 가진 아저씨들 중에 이런 사람이 많다. 상대는 들을 수밖에 없다. 사장님이 좋아서 떠드는데 말을 끊을 수는 없다. "사장님, 그만 하시죠. 저도 이야기 좀 해요"라고 말할 수는 없다. 말하는 사람이 알아서 분위기를 파악하고 마이크를 넘겨야 한다. 혼자 대화를 독점하는 사람은 대화의 채널을 없애는 사람이다.

대화는 다르다. 대화는 탁구와 같다. 주고받는 것이다. 내가 말한 만큼 상대에게도 말할 기회를 주는 것이다. 주고받는 맛이 있는 대화는 재미있다. 대화를 잘하는 사람은 상대 이야기를 많이 한다. 그동안 어떻게 지냈느냐, 새로 나온 책은 어떠냐, 안식년이라는데 뭘 했느냐 하며 대화 상대에게 집중한다. 그러면서 그에 맞추어 자기 이야기도 적절히 한다. 이렇게 상대와 나의 이야기를 하는 것이 진정한 대화다.

그런 면에서 ==말을 잘하는 것과 대화를 잘하는 것은 완전 다른 개념이다. 강의를 잘한다고 대화도 잘하는 것이 아니다. 대화는 상대적이기 때문이다.== 말의 달인끼리 만나도 정서와 취향, 수준이 너무 다르거나 상대에 대한 관심과 배려가 부족하면 대화가 되지 않는다. 상대가 너무 미숙하면 내가 힘이 든다. 반대의 경우도 마찬가지다.

대화는 반드시 말을 많이 하는 것을 의미하지는 않는다. '두 사람이 동시에 노래를 부를 수는 있지만 동시에 말을 할 수는 없다'는 독일의 속담이 의미하듯, 오히려 말을 적게 하는 것이 유리할 수도 있다. 하지만 안 하는 것은 곤란하다. 대화가 되지 않는다. 자기 이야기는 절대 하지 않는 사람이 있다. 아무 말 없이 조용히 앉아만 있다. 상대를 독백하게 만드는 것이다. 자기 순서가 되면 마이크를 잡고 자기 이야기를 할 수 있어야 한다. 볼을 넘길 때 넘기고 받을 때 받아야 한다. 그래야 대화가 활기를 띤다.

대화 상대에게 주어야 할 것

이미경 환경재단 사무총장은 대화를 잘하는 사람이다. 덕분에 내 인생이 좋게 바뀌었다.

그녀를 처음 만날 당시, 나는 조그만 컨설팅회사에 다니면서 모 주간지에 정기적으로 글을 기고하고 있었다. 여러 가지로 힘든 시설이었다. 그러던 어느 날 그녀에게서 이메일이 왔다. 내용은 간단했다.

"선생님 칼럼의 왕팬이다. 어쩌면 그렇게 글을 쉽고 재미있게 쓰느냐. 언제 시간 되면 한번 만나 뵙고 싶다."

내게 관심을 보이는 그녀에게 답장을 보냈다. 몇 번 이메일이 왔다 갔다 한 후로 한번 만나자는 이메일이 왔다. 마다할 이유가 없었다. 그래서 만났다. 다른 건 기억이 안 나는데 대화를 참 맛있게 한다는 느낌이 들었다. 지극한 관심을 보였고 많은 질문을 했다. 언제부터 글을 썼는지, 가족은 어떻게 되는지, 미국에는 어떻게 갔는지, 지금 회사는 마음에 드는지…. 나는 성의껏 솔직하게 답했다. 그녀는 다시 볼 수 있겠냐고 묻더니 내게 자기 사무실로 오면 안 되겠냐는 제안을 했다. 원래부터 그런 일에 관심이 있었는데 거절할 이유가 없었다. 내가 그녀의 제안을 받아들인 가장 큰 이유는 바로 그녀와의 대화 때문이었다.

이미경 사무총장은 대화 상대에게 자부심을 주는 사람이다. 뭐라도 된 듯한 느낌을 갖게 한다. 그녀는 만날 상대에 대해 공부를 많이 한다. 꽤 많은 정보를 가지고 있다. 만나는 사람에게 자연스럽게 존중받는다는 느낌을 주는 이유다. 당신은 어떤 사람인가?

대화의 테러리스트들

 이야기를 하다 보면 나도 모르게 몰입하게 되는 사람이 있는 반면, 지루하고 하품이 나도록 만드는 사람도 있다. 차이가 뭘까? 대화의 기술이다. 의도가 아무리 좋아도 대화의 기술이 없으면 본의 아니게 상대를 괴롭히게 되고 대화의 흐름을 깨게 된다. 대화의 테러리스트가 되는 것이다. 나는 일선에서 이 같은 대화의 테러리스트들을 수없이 만나보았다. 유형별로 정리하면 아래와 같다.

 우선, 자기 이야기만 하는 사람들이다. 이런 사람들이 대화를 파괴한다. 지위가 높은 사람 중에 많다. 상대에게는 질문도 하지 않고 이야기할 기회도 주지 않은 채 혼자서 화제를 독점한다. 주로 자신의 무용담과 교훈 이야기를 늘어놓으면서 폼을 잡는다. 따분하고 피곤하고 재미가 없다. 유명 강사들 중에도 이런 부류가 많다. 한 가지 주제를 가지고 이야기를 이어가는 데는 참으로 능하다. 논리 정연하다. 배울 것도 많다. 나름 재미도 없지 않다. 하지만 그 사람과 있다 보면 내가 대화의 상대가 아니라 청중이란 느낌이 든다. 그 사람은 자신을 제외한 아무에게도 관심이 없다. 오로지 자기 말만 하고 자기주장만 일삼는다. 그 사람과 있으면서 내 이야기를 해본 기억이 별로 없다. 근데 본인은 좋은 모양이다. 걸핏하면 만나자는데 참 피할 핑계가 궁색하다.

둘째, 다른 사람 이야기만 주로 하는 사람이다. 대화의 핵심인 너와 나의 이야기가 아닌, 엉뚱한 이야기만 주워섬기는 것이다. 물론 다른 이야기를 양념처럼 간간이 할 수는 있다. 하지만 그게 메인 메뉴가 되어서는 곤란하다. 서로와 상관없는 정치인 이야기, 회사 상사 이야기 등등을 입에 올리는 사람은 대화자가 아니라 수다쟁이일 뿐이다. 당장에는 재미있지만 나중에 생각해보면 시간이 아깝다는 생각이 든다.

셋째, 못 알아듣는 사람이다. 대화는 서너 명 정도가 제일 좋다. 단둘이 하는 대화도 좋지만 서너 명 정도가 대화를 하면 더욱 맛이 있다. 소재가 풍부해지고 힘도 덜 든다. 대화는 집중이 필요하므로 둘만 있으면 조금 힘이 든다. 셋이 있으면 잠시 딴 생각을 하거나, 소재가 궁해도 다른 사람이 역할을 대신하기 때문에 좋다. 근데 문제는 대화에 찬물을 끼얹는 사람이다. 말귀를 못 알아듣고 자꾸 다시 묻는다. 한두 번 그럴 수는 있지만 횟수가 반복되면 흐름이 깨진다. 대화의 맥이 끊긴다. 몇 마디 못 알아듣는다고 어떻게 되는 것도 아닌데 말이다. 그냥 넘어갈 줄도 알아야 한다.

넷째, 엉뚱한 소리를 하는 사람이다. 대화는 흐름이 중요하다. 상대 이야기를 듣고 거기에 덧붙여 관련된 이야기를 해야 한다. 그래야 대화에 불이 붙는다. 그 주제와 관련된 이야기는 연료와 같고, 상관없는 이야기는 얼음과 같다. 엉뚱한 소리를 하는 사람이 있으면 대화가 안 된다. 문제는 본인만 그 사실을 모른다는 점이다.

다섯째, 너무 나서는 사람이다. 뭐든 자기가 답을 해야 직성이 풀리는 사람이다. 다른 사람이 답하는 꼴을 보지 못한다. 세상에 모르는 게 없다. 이런 사람은 환영받지 못한다. 한번은 골프장 사장에게 골프장 경영이 어떤지를 물어봤다. 답해야 할 사람이 명확했다. 근데 엉뚱한 사람이 나섰다. 자기가 골프장 경영은 잘 안다는 것이다. 주제넘은 일이다. 또 한번은 부부 모임에서 부인에게 "바깥 분은 밖에서 활달하고 재미있는데 가정에서는 어때요?"라고 물어보았다. 분명 부인에게 물어본 것이다. 부인이 몇 마디 하려는데 본인이 말을 자르며 들어온다. 자신은 집에서는 말이 없고 어쩌구…. 기가 막힌 부인은 입을 다문다. 아니, 남편에 대한 부인의 느낌을 물어보는데 왜 본인이 나서는가. 여러 명이 대화할 때는 암묵적으로 각자에게 시간이 할당된 것이나 마찬가지다. 이 규칙을 어기면 안 된다.

여섯째, 단정적으로 말하는 사람이다. 상대의 말에 사사건건 반박을 하고, 자기주장만 밀어붙인다. 대화는 토론의 장이 아니다. 각자 생각을 편안히 이야기하는 자리다. 그냥 받아들이면 된다. 저 사람은 나와는 생각이 다르다고 생각하면 된다.

일곱째, 서론이 너무 장황한 사람이다. "제가 한마디 하겠습니다. 다 아시겠지만요, 그게 언제냐면요, …" 도대체 언제 본론이 나올지 모르게 말을 길게 한다. 인내심을 갖고 들어보면 본론은 별것 아닌 경우가 태반이다. 뭐 그깟 이야기를 하는 데 그렇게 오랫동안 뜸을 들이는가 말이다. 게다가 말까지 느리면 더욱 피곤하다.

여덟째, 모든 것을 너무 자세하고 완벽하게 이야기하려는 사람이다. 핵심만 말하면 되는데 모든 상황, 모든 사람과의 관계, 장소까지 일일이 보고하듯 말한다. 그리 중요한 내용이 아닌데도 말이다. 사람은 오래 집중하지 못한다. 듣다가 지쳐버리고 만다.

나의 대화 기술은 몇 점일까?

스스로 대화의 기술을 점검해보는 좋은 방법이 있다. 만약 내가 〈힐링캠프〉나 〈놀러와〉 같은 예능프로에 출연한다면 어떨까? 그들과의 대화에 잘 참여할 수 있을까? 분위기를 못 타거나 썰렁하게 하는 것은 아닐까? 사람들이 내 말에 반응을 보이면서 웃을까? 예능프로에서는 알아서 분위기를 타야 한다. 나만을 위해 따로 말할 기회를 주는 것도 아니고 다 알아서 해야 한다. 진행자들은 대부분 대화의 달인이다. 상대의 이야기를 열심히 듣다 코멘트를 하거나 자기 경험을 이야기한다. 여기서 중요한 것은 모두의 공감을 얻어야 한다는 것이다. 재미없는 이야기를 너무 오래하거나 엉뚱한 소리를 하면 바로 잘린다.

하지만 그런 예능프로에도 아쉬움은 있다. 진행자들이 순발력도 뛰어나고 공감 능력도 있지만 아는 것이 적다는 점이다. 대화에 불이 붙으려면 아는 것이 많아야 한다. 그래야 상대 이야기를 듣고 관련된 책이나 영화 내용, 명사의 격언이나 스토리를 제공할 수 있다. 이런 면에서는 리드앤리더의 김민주 대표가 달인이다. 그는 다수의 책을 쓴 저자로 아는 것이 많다. 만나는 인맥의 폭도 넓다. 다양한 분야의 컨설팅을 하기 때문에 소재도 다양하다. 그와의 대화는 큰 즐거움이다. 목소리가 큰 것도 아니고 말이 많은 것도 아니다. 하지만 적당한 타이밍에, 주제에 맞는 다양한 이야기를 꺼낸다. 덕분에 대화에 불이 붙는다.

뜨거운 대화는 어떻게 가능한가

마음이 맞는 사람들과 다양한 주제로 대화를 나누는 것은 큰 즐거움이다. 맛난 음식에 와인을 마시면서 나누는 대화는 그 자체만으로 천국에 있는 느낌을 선사한다.

하지만 즐거운 대화는 저절로 이루어지지 않는다. CNN의 명사회자 래리 킹은 대화를 즐겁게 하려면 다양한 노력 외에 2가지가 더 필요하다고 주장한다.

"하나는 타인에 대한 진정한 관심이고, 다른 하나는 그들에게 당신 자신을 개방하는 것이다."

대화에서 가장 중요한 것은 관심이다. 대화는 관심으로 시작해서 관심으로 끝을 맺는다고 해도 과언이 아니다. 내게 관심이 없는 사람과는 좋은 대화를 하기 어렵다. 반대로 관심이 있으면 특별한 기술이 문제가 되지 않는다. 대화가 자연스레 이루어진다. 사랑하는 사이가 그렇다. 화술이 뛰어나지 않아도, 누가 시키지 않아도 끊임없이 눈을 맞추고 이야기를 시도한다. 관심과 애정이 말을 붙이고 질문을 하게 만든다. 그러한 질문을 주고받으면서 두 사람은 서로에 대해 더 많이 알게 되고 더 깊은 애정을 쌓아간다. 설사 사소한 오해가 생겨도 이해를 하면서 유쾌한 대화의 채널을 만들어간다.

관심을 가지고 상대에 대해 공부하고 정보를 수집하는 노력도 필요하다. 전에 모 그룹 회장을 만날 일이 있었다. 얼굴을 아는 정도의 사이였다. 만나기 전에 그 회장에 대해 공부를 하다가 그가 아버지에 대한 책을 썼다는 사실을 알고 그 책을 구해 읽었다. 아버지에 대한 사랑이 넘치는 책이었다. 홍보용이 아니라 자신이 직접 썼다는 생각이 들었다. 회장을 만나는 시간은 30분이었다. 만나서 책 이야기부터 꺼냈다.

"책을 참 잘 만들었던데 직접 쓰셨나요?"라고 질문을 했다. 회장은 기다렸다는 듯 이야기를 쏟아냈다.

"말도 마세요. 처음에는 작가를 붙였는데 맘에 들지 않는 거예요. 할 수 없이 많은 부분을 제가 직접 썼지요. 정말 죽는 줄 알았습니다. 책 쓰는 사람이 위대하단 생각을 했습니다."

이어 아버지에 대해 질문을 했다.

"정말 그렇게 아버지를 존경하셨나요?"

그는 눈물까지 글썽이며 아버지 이야기에 열을 올렸다. 자신이 얼마나 아버지를 좋아했고, 그분이 없어 얼마나 외로운지 이야기했다. 얼마 후 비서가 들어와 시간이 다 되었다고 하자 그는 버럭 화를 냈다. 자기 이야기를 가로막았다고 생각했기 때문이다. 결국 이야기는 한 시간 반을 넘겼다. 내 이야기는 거의 하지 못했다. 나중에 소개해준 분을 통해 이런 이야기를 들었을 뿐이다.

"한 교수 그 사람, 사람이 참 괜찮네요."

최고의 대화 소재

대화를 잘하려면 소재 선택도 중요하다. 어떤 소재로 하느냐에 따라 대화 분위기와 품질이 달라진다. 어떤 분은 정치, 섹스, 종교 이야기는 하지 않는 걸 철칙으로 한다. 좋은 결론이 나기 어렵기 때문이다. 어떤 정치인을 지지하느냐, 어떤 종교를 갖고 있느냐 같은 주제는 잘 풀어나가기가 어렵다. 너무 개인적이고 민감하기 때문이다. 그렇다면 어떤 소재가 좋을까?

오프닝으로는 날씨 이야기가 좋다. 누구나 항상 피부로 느끼기 때문이다. 그리고 사람이다. 너와 나, 사람의 이야기만큼 좋은 소재가 없다. 아니 대화의 전부라고 할 수 있다. 근황, 생각, 서로에 대한 생각과 느낌, 궁금한 점을 교환하는 것이 대화다. 그래서 잘 아는 사이일수록 이야깃거리가 풍성해지고 대화가 깊어진다.

소재는 상대를 잘 아느냐, 조금 아느냐, 초면이냐에 따라 달라져야 한다. 잘 아는 경우라면 안부를 묻고 그간의 변화에 대해 질문하는 것이 예의다. 그에게 먼저 마이크를 넘겨야 한다. 얼굴만 아는 경우에는 경력이나 관심사를 중심으로 대화하는 것이 좋다. "얼굴은 몇 번 뵈었지만 이야기는 처음 나눕니다. 00한 분으로 알고 있는데, 00에 대해 오늘 선생님 말씀을 듣고 싶습니다" 정도로 상대를 존중하면서 이야기를 경청하는 것이 좋다. 초면일 경우도 비슷하다. 때로 상대가 요청하거나 분위기가 썰렁하다 싶으면 내 쪽에서 분위기를 이끌어나갈 수도 있어야 한다. 사실 대화에는 정답이 없다. 그때그때 분위기에 따라 맥락에 따라 달라진다.

그동안 당신이 나누었던 대화를 복기해보길 권한다. 최근 제일 맛있는 대화는 무엇이었나? 제일 지루한 대화는 어떤 것이었나? 왜 그랬나? 나는 대화를 잘하는 사람인가, 아닌가? 어떤 점을 보완하면 대화를 잘할 수 있을까?

상대가 말할 때 내가 해야 할 일

대화의 기본자세는 상대의 말을 귀 기울여 듣는 것이다. 아무리 할 말이 많아도 상대가 건성으로 듣는다는 기분이 들면 말이 살아나지 않는다. 사람은 본능적으로 안다. 상대가 들을 준비가 되어 있는지 아닌지를. 들을 자세가 되어 있지 않다고 생각되면 이야기하지 않는다.

스스로 경청의 자세 여부를 파악해볼 수 있는 질문지가 있다. 몇 개나 해당되는지 살펴보라.

1. 처음부터 끝까지 내 이야기만 늘어놓는다.
2. 상대가 말을 끝내기 전에 끼어든다.
3. 상대가 거부감을 느끼는 주제를 찾아 화제로 삼는다

4. 맞장구 대신 엇장구를 쳐 김을 빼다.

5. 딴 생각을 하고 있다가 이미 했던 이야기를 되묻는다.

6. 무슨 말이든 무관심하고 시큰둥한 태도를 보인다.

7. 쳐다보거나 고개를 끄덕이지 않고 웃지도 않는다.

8. 딴전을 피우거나 다리를 떨거나 하품을 한다.

9. 말하는 사람 대신 다른 사람에게 관심을 보인다.

10. 내 말은 옳고 상대가 틀렸음을 기를 쓰고 증명한다.

요즘 경청의 가장 큰 적은 스마트폰이다. 시도 때도 없이 스마트폰을 들여다보느라 전 국민이 집중력 결핍증에 빠져 있다. 앞에 앉은 사람보다 스마트폰을 더 사랑한다. 사랑하는 연인끼리도 각자 스마트폰을 들여다본다. 상대가 말할 때 스마트폰을 보거나 문자를 보내면 대화는 그걸로 끝이다. 문자를 보낸다는 것은 "당신보다 저 멀리 있는 상대와의 대화가 더 중요합니다"라고 대놓고 말하는 것과 같다.

수시로 상대의 말을 되풀이하면서 확인하는 것도 필요하다. 말하는 사람과 듣는 사람 사이에는 언제나 갭이 존재한다. 말하는 사람은 이런 의미에서 이야기를 하는데, 듣는 사람은 저런 의미로 이해한다. 듣는 사람 역시 자기 입장에서, 자기가 듣고 싶어 하는 부분만을 듣기 때문에 소통의 오류가 발생한다. 높은 사람 중 이런 사실을 무시하는 사람이 많다. "내가 이야기했으니까 다 알아들었을 거야"라고 하지만 나중에 보면 사람들이 엉뚱한 생각을 하고 있다. 이런 오류를 최소화하기 위해서는 중간중간에 "그러니까 선생님이 한 말씀은 이러이러한 뜻이지요? 제가 제대로 이해를 한 거지요?"라고 확인해야 한다. 이걸 영어로는 '브리프 백(brief-back)'이라고 한다. 오해가 있어서는 안 되는 비즈니스 대화에서는 필수적이다.

파악하라, 연결하라, 생각하라

맥락 파악도 중요하다. 같은 말도 앞뒤 배경, 전후 사정, 말하는 톤, 표정 등에 따라 의미가 완전히 달라진다. '좋습니다'라는 말에도 좋다, 알았다는 의미와 비꼬는 의미가 있다. 개떡같이 말해도 찰떡같이 알아들을 수 있어야 한다. 말하는 사람은 상대가 자기 이야기를 제대로 이해했다고 생각할 때 더 신이 나서 이야기를 한다.

간혹 상대가 말의 흐름을 놓치거나 무슨 말을 하려고 했는지 잊는 경우가 있다. 그때 상대를 대신해 맥락을 이어줄 수 있어야 한다. "이 말까지 했습니다. 이러이러한 말을 하려고 했던 것 아닌가요?"라고 말해주는 것이다.

말하기 전에 한 번 더 생각하는 것도 필요하다. 혹시 상대가 불편해하지는 않을지, 죄의식이 생기게 하는 것은 아닌지를 살펴야 한다. 프라이버시도 존중해야 한다. 인터뷰하듯 너무 구체적이고 개인적인 질문은 피해야 한다.

　순서를 지키는 것도 중요하다. 아무 데나 끼어드는 것을 조심해야 한다. 자기가 아는 것을 다 말하고 싶은 충동도 억누를 수 있어야 한다.

　대화는 근육 운동과 같다. 많이 할수록 는다. 단, 생각을 하면서 하는 경우에 한해서다.

어쩌다 다치셨어요? vs 얼마나 아프셨어요?

회사에 다니는 딸이 집에 오자마자 불평을 늘어놓는다.

"정말 짜증 나. 아니 부장이란 사람이 어떻게 그렇게 무능할 수가 있어? 팀원들이 며칠 밤을 새워 보고서를 만들어 부장님에게 제출했어. 부장님은 좋다고 했는데 상무님한테 올라가 깨지고 온 거야. 다 잘못되었으니 처음부터 다시 하라고 했다는 거야. 근데 한마디 말도 못한 거 있지. 정말 그렇게 답답한 사람 처음 봐. 왜 선은 이렇고 후는 이러니까, 이 부분만 다시 하면 되는 거 아니냐고 이야기를 못해?"

정말 분이 풀리지 않는 눈치다. 당신이라면 어떻게 반응하겠는가? 나는 부장 편을 들었다.

"그 사람이 그러고 싶었겠냐. 다 사정이 있겠지. 회사에서 상사에게 솔직한 의견을 이야기하는 것은 쉽지 않아."

아내는 달랐다. 철저하게 딸의 편을 들었다. 같이 부장 욕을 했고 분이 풀릴 때까지 이야기를 들어주었다.

"얼마나 힘드냐. 그런 사람 밑에서 일하느라 욕본다. …"

결과가 어땠을까? 나는 며칠 동안 딸의 구박을 받아야 했다. 공감 능력 부족 때문이다.

공감은 다른 사람을 이해하는 수단이다. 타인을 격려하고 그들의 삶에 활력을 불어넣어주기 위해 타인과 관계를 맺고 연대하는 능력이다. 다른 사람의 처지에서 생각하는 능력이다. 내가 다른 사람이 되었을 때 어떨지 생각해볼 줄 알아야 한다. 그런 공감을 통해 채널을 만들어야 한다. 그다음에야 소통이 가능하다. 강의도, 코칭도, 조언도 마찬가지다. 공감이 없으면 무슨 이야기를 해도 먹히지 않는다.

공감하지 못하면 소통할 수 없다. 내가 자문하는 학원에 박정현 팀장이 있다. 제일 인정받는 수석팀장이다. 한번은 팀원 선생님이 지각을 했다. 학원에서 선생이 늦는 것은 치명적 실수다. 당신 같으면 어떻게 대응하겠는가? 그분은 이렇게 말했다.

"그래, 아침에 일어났을 때 얼마나 놀랐겠어. 나도 그런 적이 있는데 앞이 캄캄하더라."

그랬더니 지각한 선생님이 눈물을 흘리며 고마워했다. 지각 때문에 싫은 소리 들을 것을 예상했는데 이런 말을 들으니 얼마나 감동을 했겠는가. 이게 공감의 힘이다.

또 다른 사례다. 코치들 모임에서 어떤 나이든 코치가 깁스를 하고 나타났다. 만나는 사람마다 한마디 했다. 무슨 말을 했을까? 대부분 "아니, 어쩌다가 다치셨어요?"라고 물었다. 사고의 연유를 물어본 것이다. 이유가 궁금했던 것이다. 딱 한 여성만 이렇게 말했다.

"아휴, 얼마나 아프셨어요? 괜찮으세요?"

다른 사람들은 다 자기 입장에서 궁금하기만 했다. 그 여성만이 다친 사람 입장에서 생각한 것이다. 다친 사람이 여성에게 이렇게 말했다.

"코치 자격 있는 사람은 당신 혼잡니다."

공감하려면 어떻게?

음치, 배우자와 사이가 좋지 않은 사람, 즉석 스피치를 못하는 사람의 공통점이 뭔지 아는가? 다른 사람 말을 듣지 않는다는 것이다. 음치는 음을 듣지 않는다. 자기가 내는 소리에 귀를 기울이지 않는다. 배우자와 사이가 좋지 않은 사람도 대부분 배우자 말을 듣지 않는다. 즉석 스피치를 못하는 사람도 그렇다. 다른 사람 말을 듣지 않으니 상황에 맞는 말을 할 수 없다.

공감을 위해서는 상대의 말을 듣고 그의 입장을 알아야 한다. 어렵게 살아본 사람이 어려운 사람을 더 잘 돕는다. 어려울 때의 심정을 알기 때문이다. 일류 선수보다는 이류 선수가 일류 감독이 되는 경우가 많다. 그들은 벤치를 지키는 후보선수의 마음을 헤아릴 수 있기 때문이다. 히딩크가 그렇다. 공장 근무 경험이 있는 나는 다른 사람보다 공장근로자 강연 때 유리하다. 그들을 조금은 알기 때문이다.

상대를 아는 데는 감정이입 능력이 필수적이다. 감정이입은 다른 사람이 되어보는 것이다. 가장 오래되고 전통적인 사냥술은 사냥감의 가죽을 덮어쓰고 그 무리에 섞여 드는 것이다. 사냥을 잘하려면 동물처럼 생각하고 행동해야 한다. 최고의 낚시꾼은 고기처럼 생각할 수 있는 사람이다. 애를 잘 보기 위해선 애처럼 생각해야 한다. 마찬가지로 좋은 의사가 되기 위해서는 환자가 되어보아야 한다. 검사는 교도소 체험이 필요하다. 거기서 공감 능력이 생긴다.

배우 톰 행크스는 어린 시절 우주여행에 매료되었다. 무중력훈련을 흉내 내느라 호스로 숨을 쉬면서 수영장 밑바닥을 걸어 다니곤 했다. 우주비행사가 쉽지 않다는 것을 느꼈을 것이다. 그게 공감이다.

만약 아내가 "여보, 나 몸이 좋지 않아"라고 한다면 어떤 말을 하겠는가? 오늘의 과제다.

싸우지 않는 부부의 비결

군인 출신인 아버지는 내성적이고 침착하고 깔끔한 성격이셨다. 군인 정신이 몸에 뱄고 모든 물건은 제자리에, 늘 주변을 청결하게, 주무실 때도 차려 자세로 주무셨다. 내성적이고, 말도 많지 않고, 낯을 많이 가리셨다.

어머니는 정반대 스타일이다. 활달하고 외향적이고 대인관계가 좋다. 씩씩하고 에너지가 넘친다. 집에 돌아오실 때는 100미터 전방부터 어머니 목소리가 들렸다. 온 동네 참견을 다 하는 스타일이다. 근데 정리정돈과는 거리가 멀다. 옷도 아무 데나, 지갑도 여기저기…. 그러다 보니 외출할 때마다 뭔가를 찾느라 정신을 쏙 빼놓았다. 아버지에겐 잘했지만 급한 성격 때문에 자주 다투셨다. 화가 나면 그걸 그대로 상대에게 전달했다. 정말 별일 아닌 일이 싸움으로 번지곤 했다. 그럴 때 한 템포만 쉬었으면 아무 일도 아닌 일이었다. 어린 시절 그게 싫었다.

그런데 나 역시 그런 어머니를 닮아 성격이 급하고 덜렁거린다. 잃어버리기 선수다. 늘 무언가를 찾느라 시간을 허비한다. 말을 할 때도 상대를 잘 배려하지 못하고 하고 싶은 이야기는 하는 스타일이다. 그런 성향으로 보면 나 역시 자주 싸워야 할 것 같은데 결혼생활 30년 동안 싸워본 기억이 거의 없다. 신기한 일이다. 어떻게 이런 일이 가능할까?

100% 아내의 공이다. 아내의 지혜로운 처신 덕분이다. 아내는 말에 관한 한 내 스승이다. 언제 어떤 말을 하고, 어떤 말을 하지 말아야 하는지, 지금이 말을 해야 할 순간인지 아닌지 잘 안다.

나는 말에 관한 한 만년 학생이다. 지금도 아내와 함께 누군가를 만나고 올 때면 여지없이 한 소리 듣는다. 주로 내가 한 말에 관한 피드백이다. "왜 쓸데없이 그런 얘길 해요?", "다른 사람한테 들은 얘길 그 사람에게 옮기면 어떻게 해요?", "그 사람 앞에서 대놓고 얘길 하면 어떻게 해요?" 등등. 그래서 아예 모임이 끝나고 오는 길이면 내가 먼저 물어본다.

"여보, 나 실수한 거 없어?"

가끔 강연 때문에 지방을 같이 가는 경우도 있는데 아내는 아예 강의실에는 얼씬도 하지 않는다. 무슨 말실수를 할까봐 조마조마하단다. 텔레비전에서 강연을 할 때도 아내는 손에 땀을 쥐며 본다고 고백한다. 성격이 급하고, 할 말 못 할 말 구분 못하는 남편이 못 미더운 게다.

아내의 주특기는 한 템포 쉬다. 아내는 그걸 잘한다. 타고난 성향인 듯싶다. 화가 나도 절대 쏘아붙이지 않는다. 내게도 그렇고, 자식들에게도 그렇다. 한 템포 쉬고 그다음 날 이야기하든지, 아니면 며칠 지난 후 이야기한다. 그때쯤 되면 서로 온전한 정신으로 이야기를 할 수 있다. 싸움으로 번질 일이 없다. 그 덕분에 부부 싸움 없이 잘 지내왔다. 만약 퍼붓는 여자와 살았으면 이미 이혼했을 가능성이 높다.

당신은 어떤 스타일로 하고 싶은 말을 하는가? 하고 싶은 이야기는 다 털어놓는가? 앞뒤 가리지 않고 쏘아붙여야 직성이 풀리는 스타일인가? 혹시 그러고 뒤끝이 없다는, 말도 안 되는 자부심을 갖고 있지는 않은가? 잘못된 생각이다.

생각이 곧 말인 사람이 있다. 뭔가 생각나면 바로 따진다. 그걸 똑똑한 걸로 착각하기도 한다. 따발총이란 별명을 가진 사람도 있다. 단시간에 많은 말을 쏟아내는 능력이 탁월해 붙여진 별명이다. 본인 기분은 풀릴지 몰라도 상대는 중상을 입거나 죽음에 이를 수도 있다. 그런 사람을 우리는 헛똑똑이라고 부른다.

시간의 비밀 '한 템포 쉬기'

모든 재앙은 입에서 비롯된다. 안 해서 후회하는 경우도 있지만 대부분 하지 말아야 할 말을 했기 때문에 오는 비극이다. 생각나는 대로 대응하면 일을 망치기 쉽다. 바로 쏘아붙이거나 전화를 걸어 따지거나 하는 것이 그렇다. 대개 얻는 것 없이 일만 키우기 쉽다. 자신이 아무리 잘못해도 열 받아 있는 상태에서 누군가가 따지면 자기 잘못을 뉘우치는 대신 변명을 하든지 거꾸로 화를 내기 쉽다.

그렇기 때문에 말을 하기 전에는 잠시 쉬면서 생각하는 게 좋다. 그것만 해도 실수의 확률이 줄어든다. 특히 화가 나거나 감정적으로 흥분했을 때는 잠시 쉬는 게 좋다. 제정신이 아닌 경우가 많기 때문이다. 그러다 보면 자신도 상대도 화가 누그러진다.

==말의 목적이 싸움은 아니다. 뭔가 따지고 싶을 때 한 템포만 쉬어도 싸움은 줄어들고 영혼도 맑아질 것이다.== 이와 관련하여 미국의 철강왕 찰스 슈와프의 시를 소개한다.

서두르지 마라

경험 풍부한 노인은 곤란한 일에 부딪혔을 때
급히 서두르지 말고 내일까지 기다리라고 말한다

사실, 하루가 지나면 좋든 나쁘든 사정이 달라질 수 있다
노인은 시간의 비밀을 알고 있다

사람의 머리로는 해결할 수 없는 일들을
시간이 해결해주는 일들이 가끔 있다

오늘 해결하기 어려운 문제는 우선 하룻밤 푹 자고 일어나서
내일 다시 생각해보는 것이 좋다

곤란한 문제를 조급하게 해결하려 서두르기보다는
한 걸음 물러서서 조용히 응시하는 것이 현명하다

'급할수록 천천히'는 행동뿐 아니라 말에도 적용된다.

대화에 불을 붙이는 '리액션'

 아버지가 돌아가신 후 어머니는 혼자 사신다. 그래도 무척 건강하고 씩씩하시다. 사교적이고, 친구도 많고, 활동적이다. 근데 대화는 잘 못하신다. 대화를 독점하기 때문이다. 자신이 하고 싶은 말만 하고 남의 말은 잘 듣지 않는다. 자식들에게 묻는 것도 별로 없다. 자신의 말을 하기에도 너무 바쁘기 때문이다. 전화도 그렇다. 자기 말씀만 실컷 하고 자식들이 무슨 이야기를 하려 하면 전화를 툭 끊는다. 황당할 때가 많다.
 2주에 한 번은 어머니를 만나러 일산에 간다. 밥도 사드리고, 장도 봐드린다. 근데 대화의 90%는 어머니 차지다. 말씀에 끝이 없다. 우선, 요즘 몸이 좋지 않은 친척의 근황이다.
 "친척분이 멀리 수원에서부터 이 근처 병원에 왔는데 좋은 소식을 들지 못했단다. 의사가 눈도 마주치지 않고 냉정하게 이 병은 쉽지 않겠다고 했단다. 자식 놈이 전날 술을 먹는 바람에 아픈 환자가 차를 직접 몰고 왔단다. 도대체 그놈은 언제 정신을 차릴지…"

이어서 옆집 사는 박 여사 딸 이야기, 경로당에서 있었던 이야기, 텔레비전에서 본 드라마 이야기, 길이 미끄러워 며칠간 밖에도 못 나간 이야기… 나도 아내도 할 이야기는 많지만 기회가 없다.

근데 어머니만 그런 게 아니다. 한 달에 한 번 어머니 형제를 중심으로 딸과 며느리 등이 만나는 모임이 있다. 가족 간 우애도 키우고, 노인들 외로움도 달래줄 목적으로 아내가 만든 가족 모임이다. 몇 년째 잘 만나고 있다. 특히 어머니와 이모님이 좋아한다.

우연한 기회에 나도 참석을 했다. 살펴보니 어머니와 이모님의 독점 무대다. 두 분은 무슨 할 이야기가 그리 많은지 끝이 없다. 젊은 사람들은 두 분 이야기를 듣기에 바쁘다. 두 분은 대화를 하는 것이 아니다. 상대 이야기를 듣기보다는 자기 이야기 하기 바쁘다. 어머니는 어머니 이야기를, 이모님은 이모님 이야기를. 다른 사람은 그저 관중에 불과하다. 코미디도 이런 코미디가 없다. 이게 경로당 대화다. '서로 자기 말만 하고 남의 말을 듣지 않는 것'이다. 나이든 사람들의 대화가 대개 그렇다.

나이가 들수록 외롭다. 말 상대가 그립다. 특히 혼자 살다 보면 더 그렇다. 이해한다. 또 그런 목적에서 만든 모임이니까 목적은 달성한 셈이다. 이런 자리에서나마 실컷 떠들고 가면 훨씬 기분이 좋아질 것이다.

문제는 일반인 중에도 경로당 대화를 하는 사람이 적지 않다는 점이다. 이들은 남의 말을 듣지 않는다. 자기 이야기만 한다. 리액션도 없다. 남의 이야기를 들어야 리액션이 나오는데 듣지 않기 때문이다. 이들은 남이 무슨 말을 하건 자기 차례만 노린다. 기회를 잡으면 하고 싶은 이야기를 다 쏟아낸다. 이런 사람이 있으면 그 자리는 파장이다.

리액션이 되는 사람과 안 되는 사람의 차이

원만한 대화를 위해서는 잘 들어야 하고, 공감도 해야 하고, 적절한 질문도 던져야 한다. 핵심은 리액션이다. 실컷 이야기했는데 상대가 아무 리액션을 보이지 않으면 황당하다. 더 이상 말하고 싶지 않다. 그런 면에서 대화는 뒷말잇기와 비슷하다. 한 말에 대해 리액션을 보이고, 그 리액션에 따라 다른 리액션이 나오면서 불이 붙는 것이다.

예능프로를 보면 알 수 있다. 예능은 대화의 달인들이 펼치는 경연장이다. 예능은 주연, 조연이 따로 없고 시나리오도 없다. 큰 주제에 대해 이야기꽃을 피우면서 알아서 반응을 하고 진행을 한다. 그 핵심이 리액션이다. 리액션을 잘하느냐 못하느냐, 잘 받아주느냐 못 받아주느냐에 따라 프로의 성패가 결정된다.

"니가 내 말을 받아주지 않으니까 재미없잖아!"

〈무한도전〉에서 박명수가 간혹 리액션을 해주지 않는 유재석에게 던지는 말이다. 그는 "너, 내 말 받지 마. 재미없어~"라는 멘트도 서슴지 않는다. 리액션이란 이런 것이다. 대한민국 최고의 MC로 인정받는 유재석은 말을 잘하는 사람이 아니라 리액션을 잘하는 사람이다.

대화의 달인은 리액션의 달인이다. 자연스럽게 사람들과 어울리면서 적절한 리액션으로 대화에 활기를 불어넣고 재치 있는 말로 웃음을 일으키며 이야기꽃을 피운다.

당신은 어떤가? 대화를 잘하는 사람인가? 남의 말을 잘 듣고 리액션을 잘하는가? 혼자 떠드는 건 아닌가? 남들은 다 기피하는데 대화를 잘한다고 혼자 착각하는 건 아닌가?

가족의 대화는 모두 어디로 갔을까

나는 여자 셋과 산다. 확실히 여자들은 말이 많다. 잠시도 쉬지 않고 떠들어댄다. 그들에게 나는 어떤 존재일까? 방에서 일하고 있어도 수시로 나를 불러내 이야기를 하자고 하는 걸 봐서는 아직까지는 대화의 상대로 인정하는 것 같다. 하지만 여자들과 사는 것은 만만한 일이 아니다. 계속 긴장해야 한다. 조금만 방심해도 날카로운 피드백이 들어온다. 여자들과 대화하며 몇 가지 노하우를 배웠다.

콘텍스트를 읽어야 한다는 것이다. 여자는 남자와 다르다. 여자늘이 말하는 것을 곧이곧대로 들으면 곤란하다. 낭패를 겪을 수 있다. 드라이브를 하는데 아내가 묻는다.

"자기, 커피 마시고 싶어?"

내 의견을 묻는다. 사실, 난 커피 생각이 없다. 이럴 때 어떤 반응을 보여야 할까? 처음에는 솔직한 내 의견을 이야기했다.

"아니, 난 별로 생각이 없는데?"

근데 분위기가 서늘하다. 아내는 말이 없어졌다. 뭔가 잘못되었다는 불길한 생각이 들었다. 아내는 내 의견을 물은 게 아니었다. 자신이 커피 마시고 싶다는 것을 그렇게 표현했을 뿐이다. 정답은 무얼까?

여러 가지가 있다. "당신은 어떤데?" 하며 되묻는 것이 안전하다. 생각이 없어도 생각이 있는 것처럼 말하는 것도 방법이다. 적극적으로 마시자고 해도 된다. 대화는 단순히 말을 주고 받는 것이 아니다. 느낌, 속내를 읽어야 한다. 여자들만 그런 건 아니다.

아는 사장님을 만나 이야기를 나누는데 "코칭을 하신다면서요?"라고 지나가듯 묻는다. 왜 갑자기 뜬금없이 이런 질문을 할까? 뭔가 사정이 있는 거다. 난 즉시 답했다.

"왜요, 무슨 일 있으세요?"

내 예상이 맞았다. 임원과의 사이에 문제가 있었고 코칭을 통해 해결하고 싶어 했다. 이런 게 콘텍스트다. 말이 아니고 그 안에 다른 의미를 포함하고 있는 거다. 여성들과의 관계에서는 특히 이게 중요하다. 나를 비롯한 중년 남성들은 이게 떨어진다. 감이 없다. 글자 그대로 해석한다. 드라마를 볼 때 분위기 파악 못하는 것만 봐도 알 수 있다. 같이 드라마를 보는 여성들은 이해가 빠르다. 누가 누구를 좋아하고, 어떤 관계이고, 나중에 어떤 결말이 날 거라는 걸 여자들은 귀신같이 안다. 매일 보는 나보다 가끔 보는 딸이 더 잘 안다. 이해가 안 되는 나는, 그래서 드라마를 볼 때 기피 대상이다.

집에서 하면 안 되는 것들

설교를 해서도 안 된다. 설교는 대화가 아니다. 대화의 장애물이다. 나는 집에서 설교하지 않는다. 좋아하지도 않고, 하고 싶지도 않다. 씨알이 먹히지 않기 때문이다. 오히려 애들이 내게 설교를 한다. 단점이 많기 때문이다.

==많은 가정에서 대화가 사라진 이유 중 하나는 부모의 설교 때문이다. 아이들이 '설교하고 있네'라고 생각하는데 무슨 대화가 되겠는가. 설교는 쌍방향이 아닌 일방적 커뮤니케이션이다.== 윗사람이 아랫사람에게, 잘난 사람이 못난 사람에게 일방적으로 하는 말이다. 그런데도 어떤 부모들은 설교를 해놓고 대화를 했다고 착각한다. 상사 중에도 그런 상사들이 많다. 혼자 떠들고 사람들이 다 알아들었을 거라고 생각한다. 내가 설교를 하는 사람인지, 대화를 하는 사람인지는 입을 열었을 때 사람들이 도망가는지, 주변으로 몰려드는지를 보면 금방 알 수 있다.

고집을 피우는 것도 좋지 않다. 똥고집은 대화의 장애물이다. 자기 의견이 강한 것도 좋지 않다. 난 집에서 내 의견을 말하지 않는다. 아니 의견이 없다. 고집을 부리지도 않는다. 텔레비전 프로를 갖고 다투지도 않는다. 스포츠 대신 드라마로 '전향'한 지 오래다. 내 의견보다는 가족들 의견을 듣는다. 딸들이 자주 "아빠, 오늘 저녁 뭐 먹을까?"라며 물어보면 나는 언제나 "너희들은 어떤데?"라고 되묻는다. 뭔가 먹고 싶은 게 있을 때 그런 질문을 한다는 사실을 알기 때문이다. 주중에 여기저기서 맛난 것을 잘 먹고 다니는 내가 주말 메뉴까지 내 의견대로 할 이유가 없다. 딸들이 먹고 싶은 것을 먹게 되면 분위기가 자연히 화기애애하고 이야기가 잘 풀린다. 이런 것도 대화에서는 중요하다.

대화는 단순히 이야기를 나누는 것 이상이다. 적극적으로 참여해야 한다. 콘텍스트를 읽고 반응을 보여야 한다. 내가 이해하고 공감했다고 생각하면 대화가 활기를 띤다. 반대로 설교하거나 고집을 피우면 김이 샌다. 나 같은 아저씨들은 촉이 무뎌져서 상대가 적극 반응을 안 보여도 그런가 보다 하고 넘어가지만 사람들, 특히 여자들은 다르다. 바로 날카로운 피드백이 들어온다. 표정이 왜 그러느냐, 왜 다른 곳을 보느냐, 알아는 들었느냐, 왜 웃지 않느냐…. 그래서 관심 없는 분야의 이야기를 해도 집중해야 한다. 심지어 화장법에 관한 이야기를 할 때도 긴장해야 한다. 그들을 봐야 하고 반응을 보여야 한다. 추임새도 적극적으로 넣어야 한다.

왜 사람들은 점쟁이를 찾을까

가족사진을 새로 찍었다. 애기 엄마는 가장 먼저 누구를 볼까? 예쁜 애기? 그렇지 않다. 바로 자기 자신이다. 그다음이 애기다. 미국 여자들이 제일 좋아하는 대화 주제가 무얼까? 바로 자신에 관한 이야기다. 반대로 제일 싫어하는 주제가 무얼까? 남에 관한 이야기다. 특히 남이 하는 자랑이다. 자기 이야기는 하고 싶지만 남의 이야기는 듣고 싶지 않은 것이다. 누구에게나 가장 소중한 존재는 바로 자신이다. 대화도 그렇다.

나는 수년째 지도자아카데미란 과정에서 강의를 해오고 있다. 김일주 원장님이 자비를 들여 무료로 지도자를 키우기 위해 만든 프로그램이다. 그동안 원장님 얼굴은 자주 봤지만 그분이 어떤 인생을 살았는지는 잘 몰랐다. 우연히 원장님과 몇 사람이 모여 차를 마시다 그분 이야기를 듣게 되었다. 이북 단천 출신으로 인민군으로 끌려갔다가 탈출해서 국군이 되고 죽을 고비를 몇 번이나 넘겼다고 했다. 얘깃거리가 무궁무진했다. 담배 덕분에 살아난 이야기, 키우던 개 때문에 헤어졌던 부모님을 만난 이야기, 남으로 내려와 머슴 살던 이야기… 한 편의 휴먼다큐였다. 원래는 차나 한잔 하려고 했는데 이야기가 길어졌다. 사람들이 관심을 보이며 자꾸 질문을 던졌기 때문이다. 참으로 맛있는 대화였다. 무엇보다 당사자 얼굴이 제일 빛났다.

반면에 너와 내 이야기가 아닌 제3자에 관한 이야기는 대체로 재미없다. 신문이나 텔레비전에서 본 이야기, 연예인 스캔들, 정치인 이야기 등이 그렇다. 너도 알고 나도 아는 뻔한 이야기는 피해야 한다. 그런 이야기가 흥미롭기 위해서는 남다른 시각이 있어야 한다. 고급 정보가 있어도 좋다.

부정적인 이야기는 피해야 한다. 잠시 불평을 하거나 비난을 하는 것은 참을 수 있지만 몇 시간씩 그런 이야기를 하는 사람과 있는 것은 괴로운 일이다.

쓸데없이 자기 이야기를 길게 늘어놓는 것도 피해야 한다. 해외여행 다녀온 이야기를 길게 하는 사람이 있다. 찍은 사진까지 보여주면서 그곳이 얼마나 끝내주는지 열을 올린다. 잠깐은 들어줄 수 있지만 길어지면 곤란하다. 이럴 때 젊은이들은 '안물'이란 말을 한다. '안 물어봤거든'의 준말이다. 안 물어봤는데 자기 자랑을 하는 사람에게 쓰는 말이다.

높은 사람, 나이 든 사람들이 이런 행동을 자주 한다. 내 친구들도 나이가 들면서 이런 경향이 나타난다. 남에게는 별 관심이 없고 자기 이야기만 하려고 한다. 잠깐이라면 이해할 수도 있다. 하지만 틈만 나면 마이크를 잡고 자랑으로 일관하는 사람은 피하게 된다.

아니, 그걸 어떻게 알았어요?

대화는 점쟁이처럼 해야 한다. 왜 사람들이 점을 본다고 생각하는가? 점쟁이는 대화를 잘하는 사람이 아니다. 반말도 거침없이 하고 쓴소리도 한다. "남편이 속 깨나 썩이겠어", "절대 그 사업 시작하지 마", "조금 기다려봐. 다 풀리게 되어 있어" 등등. 하지만 점쟁이는 대화 내내 상대한테 집중한다. 정치나 종교 이야기, 연예인이나 신문에서 본 이야기는 하지 않는다. 자기 이야기는 더더욱 하지 않는다. 점쟁이는 온전히 상대한테만 관심을 보인다. 그게 사람들이 점집을 찾는 진짜 이유다.

모 기업에서 팀장교육을 할 때였다. 한 달에 두 번 회사를 방문해 10여 명의 팀장들과 이야기를 나누며 그들의 고민도 듣고 같이 해법을 찾는 형태로 진행했다. 나는 퍼실리테이터로 말할 분위기를 만들고, 잘 들어주고, 적절한 질문을 던지는 역할이었다. 대화에 활기를 불어넣으며 스스로 답을 찾게 하는 것이다. 한번은 몸매가 호리호리한 팀장에게 "춤추면 잘 추겠네요"라는 말을 건넸다. 그랬더니 팀장이 깜짝 놀라며 "아니, 제가 예전에 춤춘 걸 어떻게 알았어요?" 하는 거다. 사람들이 다 그를 쳐다봤다. 그는 한때 양현석과 배틀을 할 정도의 춤꾼이었다고 했다. 회사 직원들도 몰랐던 사실이다. 그 팀장에 대한 관심 덕분에 그날 교육은 성공적으로 끝날 수 있었다.

대체로 돈, 명예, 권력을 가지고 있는 사람들은 대화도 못하고 사람도 잘 사귀지 못한다. 필요성을 못 느끼기 때문이다. 이런 사람들 주변에는 자기 필요에 의해, 뭔가 부탁을 하려고 오는 사람들뿐이다. 자기가 먼저 관심을 보일 필요가 없다. 가만있어도 그쪽에서 말을 걸고, 질문을 한다. 늘 화제의 주인공이 자기 자신이다. 물론 잘나갈 때야 상관없을 것이다. 하지만 그 자리를 물러나면 문제가 생긴다. 당신은 어떤 사람인가? 대화를 하면서 상대에게 집중하는가?

점쟁이처럼 대화하라. 대화의 달인이 될 것이다.

5

질문이 답이다

IMPACT OF WORDS

혁신을 일으키는 위대한 질문

고위 관료를 지내다 국회의원이 된 사람을 만나 어떤 차이가 있는지 소감을 물었다. 그의 답변이다.

"관료 생활을 할 때는 늘 문제 해결에 시간을 썼습니다. 어떻게 해야 저 문제를 해결할 수 있을까? 다른 좋은 방법은 없을까를 생각했습니다. 근데 국회의원은 질문을 하는 게 직업이더군요. 지역 주민들이 진정 원하는 게 뭘까? 이걸 꼭 해야 하는가? 5년 후 이들의 지지를 얻기 위해서는 무엇을 해야 하는가? 훨씬 힘들지만 보람이 있습니다."

한마디로 답을 내는 사람에서 질문하는 사람으로 역할이 바뀌었다는 것이다.

답을 잘하는 사람과 질문을 잘하는 사람 중 누가 고수일까? 어느 게 먼저일까? 질문이 먼저다. 질문하는 사람이 고수다. 세상을 바꾸기 위해서, 문제를 해결하기 위해서는 먼저 적절한 질문이 있어야 한다.

비행기를 만든 라이트 형제는 "어떻게 하늘을 날 수 있을까?"를 질문한 덕분에 날 수 있었다. 줄리아니 뉴욕시장은 재임 8년간 범죄율을 63%나 낮추었다. 어떻게 이런 일을 할 수 있었을까? 질문 덕분이다. 그동안 사람들은 '어떻게 검거율을 높일까?'를 고민했지만 그는 '어떻게 범죄율을 낮출 수 있을까?'로 질문을 바꾸었다. 질문 하나가 도시를 바꾼 것이다.

새로 회장에 취임한 잭 웰치는 오래되고 성과가 나지 않는 사업을 구조조정해야겠다고 생각했다. 하지만 결심이 쉽지 않았다. 그러다 경영학의 아버지 피터 드러커를 만난다. 그는 성과가 부진한 사업을 어떻게 하면 좋겠는지를 물었다. 드러커는 대답 대신 이렇게 질문했다.

"그동안 그 사업을 하지 않았다고 가정해봅시다. 새로 그 사업을 하라고 하면 하시겠습니까?"

그 질문은 충격이었다. 할 리가 없기 때문이다. 그래서 나온 것이 1등, 2등을 제외한 사업은 하지 않겠다는 선언이었다. 질문 하나가 GE의 혁신을 가져왔다.

질문은 리더가 조직을 파악하는 데도 중요하다. 마이클 에브라소프는 미국 해군 구축함 벤폴드에 함장으로 부임하자마자 승무원 300명 전원과 15~20분 정도의 개인 면담을 가지면서 3가지 질문을 던졌다.

"어떤 점이 만족스럽죠? 불만 사항은 무엇인가요? 권한이 주어지면 무엇을 고치고 싶습니까?"

그는 설교하지 않았다. 대신 질문을 통해 사람들의 생각을 읽어 혁신 아이디어를 얻었고, 동기부여까지 할 수 있었다.

갭은 1969년 샌프란시스코에서 소매점으로 출발하여 유명 의류회사로 성장했다. 폴 프레슬러는 자신이 처음 대표로 취임했을 때 100일 동안 50명의 임원과 면담을 하면서 다음의 5가지 질문을 던졌다.

"우리 회사가 끝까지 붙잡고 갈 바라는 가치는 무엇인가? 그 이유는? 내가 무엇을 하길 바라는가? 혹시 내가 이렇게 할까 당신이 걱정하는 것은? 내가 이렇게 하지 않을까 당신이 걱정하는 것은? 고객이 원하는 것을 파악하기 위한 당신만의 노하우는?"

그는 이 같은 질문으로 조직을 성공적으로 키워낸 리더가 되었다.

그(녀)가 좋아할까?

성공한 기업들이 사활을 거는 고객만족의 답도 질문에서 나온다. 메가스터디 김성오 대표는 3평짜리 육일약국을 마산에서 가장 큰 약국으로 성장시켰다. 그의 주특기는 고객만족이다. 한 번 온 고객을 다시 찾게 만들었다. 꼬리에 꼬리를 물고 입소문이 났기 때문이다. 그는 늘 3가지 질문을 던졌다고 한다.

"이분이 나를 통해 만족을 얻었는가? 다음에 또 올까? 다른 사람을 데리고 올까?"

디지털플라자 염창동지점의 양한규 점장은 한 달에 16억 원 이상의 매출을 올린다. 30대 초반의 나이지만 연봉도 1억이 넘는다. 그는 마치 의사가 문진하듯 자연스레 질문을 던지고 고객의 답을 이끌어낸다.

"아, 자녀분이 쓰신다고요? 최신 모델을 사주고 싶은데 돈이 좀 모자란다고요?"

그러면서 직접 작동을 해 보이고 타사 제품과 비교했을 때 약점도 솔직하게 털어놓는다. 우리 물건이 얼마나 좋은지 설명하느라 핏대를 올리기보다 그들이 어떤 니즈를 갖고 있는지를 파악한다. 그러기 위해 고객의 혼잣말도 그냥 지나치지 않고, 고객들끼리 주고받는 이야기에도 신경을 곤두세운다. 전옥표 씨가 쓴 《이기는 습관》에 나오는 사례다.

델 컴퓨터를 만든 마이클 델도 질문의 중요성을 알고 이를 실천한 사람이다.

"질문을 많이 하면 새로운 아이디어가 생기고 경쟁우위를 확보하게 됩니다. 우리는 같은 질문을 여러 팀에게 묻고 결과를 비교합니다. 그 과정에서 배울 점이 한두 가지가 아닙니다. 한 팀이 중소기업을 대상으로 크게 성공을 거두면 우리는 그 아이디어를 사내에 퍼뜨립니다."

교육감으로 워싱턴의 교육을 획기적으로 개혁한 미셸 리의 노하우는 무얼까? 고객을 늘 생각하는 것이 비밀이다. 그는 모든 의사결정을 할 때 늘 이 질문을 한다.

"이게 학생들에게 좋은가?"

토크쇼에서도 질문이 핵심이다. 슈퍼모델 출신의 타이라 뱅크스는 유명한 사회자다. 그는 질문을 잘한다. 그는 늘 한 가지 생각만 한다.

'내가 시청자라면 뭐가 궁금할까?'

질문하는 사람은 성공한다. 개인 역량과 조직 역량을 강화시키는 최고의 방법이 바로 질문이다. 유능한 리더는 바른 질문에 집중하고, 평범한 리더는 답에 매달린다. 성과가 나지 않는다면 답을 찾으려 하기보다 질문을 하고, 그래도 안 되면 질문을 바꾸어야 한다. 애초부터 질문이 잘못되었을지도 모르기 때문이다.

그래서 질문에는 훈련이 필요하다. 올바른 질문을 위해서는 겸손해야 한다. 내게 부족한 점이 있고, 내가 모든 해법을 가진 것은 아니며, 부하나 동료로부터 뭔가 배울 수 있다는 사실을 인정해야 한다. 또한 지시를 하고 싶은 유혹을 뿌리쳐야 한다. 리더가 모든 답을 알 수는 없다. 답을 알고 있다는 착각과 오만, 그로부터 내려지는 지시가 문제 해결을 어렵게 하고 모두의 성장을 가로막는다.

뭔가 문제가 해결되지 않는가? 계속 지지부진한가? 제대로 된 질문을 던지고 있는지, 엉뚱한 질문을 던지는 것은 아닌지, 어떻게 질문을 바꾸어야 할지 고민하라. 질문이 세상을 바꾼다.

질문하라, 얻을 것이다

일본이 10년 이상 침체의 늪에서 벗어나지 못하는 이유가 무엇일까? 세계적인 컨설턴트 오마에 겐이치는 일본 국민이 질문하는 방법을 잃어버렸기 때문이라고 설명한다. 질문이 없는 개인과 조직은 쇠퇴한다. 쇠퇴하지 않고 발전하기 위해서는 질문해야 한다. 질문은 성장을 위한 필수 조건이다. 질문하는 개인과 조직이 성장한다.

동기부여 전문가인 도로시 리즈는 자신의 책 《질문의 7가지 힘》에서 질문의 효과를 이렇게 설명한다.

첫째, 질문을 하면 답이 나온다.

답이 나오지 않는 이유는 질문하지 않기 때문이다. 뉴스나 토크쇼를 보라. 많은 사람들이 질문하는 사람의 마술에 걸리는 광경을 볼 수 있다. 법정에서 질문을 받고 "그냥 넘어갑시다"라는 대답을 할 수는 없다. 정확한 답을 얻으려면 정확한 질문을 해야 한다.

둘째, 질문은 생각을 자극한다.

지시를 받은 사람은 생각하지 않는다. 그저 지시받은 일만 하려고 한다. 일방적인 지시를 일삼는 사장은 혼자 고민한다. 만약 직원들에게 "어떻게 하면 효과적으로 일할 수 있을까?"라는 질문을 던진다면 직원들은 생각할 수밖에 없다.

보고서 품질 때문에 상사로부터 야단을 맞은 경우도 긍정적인 질문을 하면 발전적인 답변을 끄집어낼 수 있다.

"완전한 보고서를 제출하기 위해서는 어떻게 해야 하는가?", "나는 임무를 충분히 이해하고 있는가?", "상사로부터 좀 더 자세한 설명을 들어야 할 부분은 어디인가?", "어느 부분을 개선해야 하는가? 이를 위해 누구의 도움을 받아야 하는가?"

셋째, 질문을 하면 정보를 얻는다.

어리석은 사람은 남의 말을 듣지 않고 질문도 없다. 혼자 떠든다. 그런 사람은 대화 후 아무것도 얻지 못한다. 정보를 얻는 데는 2가지 방법이 있다. 보고 읽는 것과 질문하고 듣는 것이다. 질문을 하는 이유는 정보를 얻기 위해서다. 유능한 의사가 되는 비결은 환자에게 많이 질문하고 경청하는 것이다. 많은 정보를 얻을 수 있고, 좀 더 정확한 진단을 할 수 있고, 치료 확률을 높일 수 있다.

넷째, 질문을 하면 통제가 된다.

사람들은 불합리한 행동을 보면 비난하고 야단을 친다. 계속 지각하는 직원에게 "자네는 왜 계속 지각을 하는가?"라고 비난을 하면 상대방은 변명을 준비한다. 수비 태세를 갖추고 몸을 움츠린다. 비난 대신 "이번 달에만 세 번 지각을 했는데 늦지 않으려면 어떻게 해야 한다고 생각합니까?"라고 질문을 던져보라.

질문을 통해 자신과 상대의 감정을 통제하는 것이 필요하다. 수치심을 느끼게 하는 비난성 질문 대신 문제 해결을 위한 질문을 던지는 것이 좋다.

"어떻게 하면 이 일을 좀 더 잘할 수 있을까?", "이 일을 끝내기 위한 노하우는 누가 갖고 있을까?", "누가 가장 잘할 수 있을까?", "우리가 잘 못하고 있는 것과 잘하고 있는 것은 무엇인가?", "다른 아이디어를 갖고 있는 사람은 누구인가?"

다섯째, 질문은 마음의 문을 열게 한다.

사람들은 자기 이야기를 좋아한다. 다른 사람 이야기에는 별 관심이 없다. 그런 면에서 질문은 최고의 사교 도구다. 마음의 문을 열어주기 때문이다.

질문은 또한 성공의 습관으로도 중요하다. 사람들은 부자가 되고 싶어 하지만 부자에게 어떻게 부자가 되었는지 질문하지 않는다. 다음과 같은 질문을 던져보라.

"지금의 위치에 서기까지 어떤 준비를 하셨습니까?", "살면서 가장 큰 영향을 준 사람은 누굽니까?", "어떤 장애가 있었고 그것을 어떻게 극복하셨습니까?", "당신만이 알고 있는 성공의 노하우가 있다면 무언가요?" 부자는 기뻐하며 자기 이야기를 한없이 늘어놓을 것이다.

여섯째, 질문은 귀를 기울이게 한다.

질문과 경청은 의사소통의 양대 축이다. 그런데 질문이 경청을 이끈다. 질문하면 경청하게 되고 경청하면 상대와 공감할 수 있다. 경청은 상대를 인정한다는 사실을 보여준다. 경청은 어떤 문제나 상황에 대해 상대와 같은 시각으로 바라보려고 노력하는 자세로, 상대에게 관심과 사랑을 나타낼 수 있다. 몰랐던 문제점이나 기회에도 눈을 뜨게 된다.

일곱째, 질문에 답하면 스스로 설득이 된다.

부모, 교사 등 권한을 가진 사람은 습관적으로 강요를 한다. 하지만 결과는 별로 좋지 않다. 강요를 당한 후 생각이나 태도를 바꾸는 사람은 없다. 그런데도 강요를 하는 이유는 그것이 가장 쉽기 때문이다. 다른 사람의 견해를 고려할 필요 없이 감정을 발산해버릴 수 있다. 그러나 그 방법은 쉬운 만큼 효과가 없다. 강요를 당하는 사람은 생각하지 않는다. 귀담아 듣지도 않는다.

그에 반해 질문은 신중한 사고와 행동을 이끌어낸다. 질문을 하면 자신의 생각을 늦추고 상대의 대답에 귀를 기울이게 된다. 상대 역시 답하기 위해 잠시 생각을 하게 된다. 그것이 바로 우리가 원하는 것이다. 그 과정에서 설득이 이루어진다. 질문을 통해 서로의 생각이 정리되면서 자신과 상대를 함께 변화시키는 것이다. 설득과 합의, 가치 실현과 통제력의 회복, 더 나은 대인관계, 이 모든 것이 적시에 적절한 질문을 함으로써 가능해진다.

질문한다는 것은 단순히 궁금한 것을 묻는 것 이상의 의미를 지닌다. 상대에게 관심과 경의를 표하는 것이고, 이야기를 나누고 싶다는 뜻을 전달하는 것이며, 도움을 주고받고 싶다는 의사를 표명하는 것이다. 또한 질문을 함으로써 감정을 통제할 수 있고, 적당한 질문을 함으로써 분위기를 반전시킬 수도 있다. 이것이 질문의 힘이다.

질문에는 순서가 있다

좋은 질문을 하는 것은 생각처럼 간단한 문제가 아니다. 좋은 의도와 분명한 목적이 있어야 가능하다.

질문은 훈련이다. 자꾸 해봐야 한다. 그래서 몸에 배도록 해야 한다. 그런 면에서 질문은 총론보다 구체적인 각론이 중요하다. 마이클 J. 마쿼트의 《질문 리더십》에 나오는 사례들이다.

질문은 광맥에서 금을 캐는 것과 같다. 일정 프로세스가 필요하다. 하나씩 껍질을 벗겨야 한다. 명료화 질문, 미래 질문, 과거 질문, 확대 실문 순으로 진행한다. 명료화 질문을 통해 현재 상황과 그것이 발생한 이유를 살펴본다. 미래 질문을 통해 향후 어떻게 되기를 바라는지 목표를 정하게 한다. 과거 질문을 통해 과거에 그와 유사한 사례가 있었는지 살펴

보고 활용 가능한 부분이 있는지, 지금까지 목표를 위해 무엇을 어떻게 해왔는지 살펴본다. 확대 질문을 통해서는 가능성과 관점을 확대하여 다양한 대안을 탐색한다.

명료화 질문은 상대로 하여금 돋보기를 들게 하고 문제점을 자세히 보도록 하는 과정이다. 초점이 맞지 않는 캠코더의 초점을 맞추는 작업이다. 상황, 생각과 느낌에 대해 구체적으로 묻는다. 다음과 같은 질문들이다.

~에 대해 어떻게 생각하십니까?
~에 대한 느낌은 어떠세요?
~를 좀 더 설명해주실래요?
현재 상황을 어떻게 보고 있나요?
그 이유는 무어라고 생각하나요?
그것의 핵심은 무어라고 생각하나요?
그것이 되기 위한 기준은 무어라고 생각하나요?
그것은 어떤 의미가 있나요?
구체적으로 어떤 뜻인가요?
그 예를 들어주실래요?

명료화 질문은 개인의 존재와 정체성을 아는 데도 도움이 된다. 자신에게도 적용할 수 있다.

당신에게 가장 에너지를 주는 것은 무엇입니까?
당신은 언제 가장 충만함을 느낍니까?
비전은 무엇입니까?
가장 소중한 가치는 무엇인가요?
당신이 가진 탁월성은 무엇입니까?
당신이 진정으로 원하는 것은 무엇입니까?

미래 질문은 변화를 위해 미래에 어떤 일이 일어나기를 바라는지 목표와 비전을 명확하게 하는 것이다. 미래 질문은 상대가 원하는 것이 무엇인지, 그리고 그것을 달성하기 위해 무엇을 해야 하는지 명확하게 하도록 도와준다. 이런 질문들이다.

무엇을 달성하고 싶나요?
목표가 달성된다면 어떤 느낌이 들까요?
앞으로 어떻게 할 생각입니까?
어떻게 하고 싶나요? 무엇이 되고 싶나요?
그것을 위해 밟아야 할 단계들은 무엇인가요?
그것을 위해 지금 무엇을 해야 한다고 생각하나요?

그 목표를 달성하기 위해 세 단계로 나누어본다면 어떤 단계들이 필요할까요?

가는 도중 어떤 어려움이 있을 거라고 생각하나요?

장애 요인을 피하기 위해 무엇을 하면 좋을까요?

다음은 과거 질문이다. 사람들은 자신에게 활용 가능한 자원이 있음에도 불구하고 그것을 잘 활용하지 못한다. 자원 중 하나가 바로 과거의 경험이다. 바로 이 과거 경험을 재활용하기 위한 질문이 과거 질문이다. 이런 질문들이다.

~과 비슷한 문제를 겪은 적이 없나요?

그때 어떻게 해결했나요?

그때와 다른 점은 무엇입니까? 공통점은 무엇입니까?

그때의 성공 요인 혹은 실패 요인은 무엇인가요?

지금까지 그것을 위해 무엇을 해왔나요?

확대 질문은 상대의 시야를 보다 넓게 해주어 처한 상황과 자신을 보다 큰 차원에서 바라볼 수 있게 해준다. 이를 통해 자각의 폭을 넓힌다. 새로운 가능성을 탐색하는 확대 질문은 코치의 상상력과 잠재력이 가장 많이 발휘되는 순간이다.

전체에서 어디에 해당되는 문제입니까?
다른 사람들에게는 어떤 영향을 미칠 것이라고 생각합니까?
당신이 팀장이라면 무엇을 어떻게 바꾸겠습니까?
그것은 목표 달성과 어떤 관련이 있나요?
고객이 원하는 것이 무엇이라고 생각합니까?
목표 달성을 앞당길 수 있는 다른 방법은 없나요?
어떻게 하면 이 분야의 최고가 될 수 있나요?
처음부터 다시 한다면 어떻게 하겠습니까?
그 사람 입장에선 지금 상황이 어떻게 보일까요?

질문은 엄청난 내공을 필요로 한다. 많은 준비가 필요하다. 훈련을 통해 체득할 수 있어야 한다. 그래서 문제가 있으면 자동적으로 관련 질문이 술술 나와야 한다. **불확실할 때는 명료화하는 질문이, 좀 더 알고 싶을 때는 확대하는 질문이, 과거와 미래를 확인하고 싶을 때는 그에 관련된 질문이 나와야 한다.**
지금 어떤 고민과 이슈가 있는가? 어떤 질문을 던져야 원하는 답을 얻을 수 있을까? 우선 입을 닫고 원하는 답을 얻기 위한 질문을 떠올려보라. 조금씩 좋아질 것이다.

인터뷰로 덕 보는 사람은 누구일까

우리 일상은 만남으로 이루어져 있다. 집에서는 가족과 만나고, 직장에서는 동료와 상사 혹은 고객들과 만나고, 친구를 만나고, 이웃을 만나고…. 누구를 만나느냐에 따라 인생이 달라진다. 같은 사람도 만나는 사람이 그를 어떻게 대하느냐에 따라 달라진다. 내가 만나는 사람이 나를 스타로 만들 수도 있고, 찌질한 사람으로 만들기도 한다. 그런 의미에서 사람은 종(鐘)과 같다. 누가 치느냐에 따라 소리가 달라지기 때문이다.

인터뷰도 그렇다. 누가 인터뷰를 하느냐에 따라 그 사람이 달라진다. 인터뷰는 얼마나 중요할까? 누구에게 효용성이 있을까?

우선 인터뷰를 당하는 인터뷰이(interviewee)에게 효용성이 있다. 공부 중 가장 어렵지만 안 하는 공부가 있다. 바로 자신에 대한 공부다. 인터뷰는 자신에 대해 알게 해준다. 사람들은 남에게는 관심이 많지만 정작 자신에게는 관심이 적다. 관심이 많을 수는 있지만 자신이 어떤 사람인지 생각하지 않고 알려고 하지 않는다. 인터뷰는 이런 사실을 알게 해준다.

인터뷰는 거의 100프로 그 사람에 대해 묻는다.

"부모님은 어떤 분이셨어요? 어떻게 살아오셨나요? 인생을 바꾼 사람이나 사건이나 책이 있나요? 어떤 어려움을 겪었고 이를 어떻게 극복하셨나요? 어떻게 이 일을 하게 되었나요? 지금의 이런 결과를 예상하셨나요? 다시 산다면 어떻게 살고 싶으신가요?"

이런 질문을 받으면 생각하게 된다. 생각하고 말하는 과정에서 자신이 미처 알지 못했던 사실을 깨닫는다. 스스로에게 감동하기도 한다.

자신을 잘 아는 사람은 고수고, 자신이 어떤 사람인지를 모르는 사람은 하수다. 인터뷰를 마치고 나면 자신에 대해 좀 더 잘 알 수 있다. 인터뷰는 자신에 대한 최고의 공부다. 앞의 질문을 자신에게 대입해보라.

둘째, 인터뷰어(interviewer)에게도 큰 도움이 된다. 인터뷰어는 주인공이 아니다. 조연이다. 도우미다. 인터뷰어는 질문을 하고 이야기를 끄집어내는 사람이다. 근데 그런 역할을 통해 인터뷰어 자신이 큰 이익을 얻는다. 나도 그런 경험을 많이 했다. 이나마 사람 구실을 하는 것도 그동안 만난 수많은 귀인들 덕분이다.

중원의 고수와 인터뷰하는 것은 10권의 책을 읽는 것보다 영향이 크

다. 그를 만나면 오랫동안 느낌이 남는다. 계속 생각하게 된다. 배우게 된다. 인터뷰를 많이 할수록 내공이 는다.

서울과학종합대학원 총장을 거쳐 중앙공무원교육원장을 역임한 윤은기 교수는 10년 이상 라디오 프로를 진행했다. 그분 말로는 3,000명 이상의 사람들과 대면 혹은 전화 인터뷰를 했다고 한다. 인터뷰하면서 세상 보는 눈이 달라지고 지식이 쌓인 것은 말할 것도 없다. 3,000명을 만났다는 것은 책 3만 권을 본 것과 같다. 그분만큼 다양한 사람에 대해, 다양한 직업에 대해, 다양한 세상에 대해 아는 사람도 많지 않을 것이다.

뉴스 앵커를 거쳐 〈피플 인사이드〉란 인터뷰 프로를 진행하는 백지연 씨도 비슷하다. 초창기 그의 책은 콘텐츠가 약했다. 하지만 시간이 지나면서 달라졌다. 내공이 늘어난 것이다. 요즘 나오는 책은 재미있다. 콘텐츠도 제법 탄탄하다. 인터뷰를 봐도 예전에 비해 훨씬 능숙해졌다. 잘한다. 인터뷰를 하면서 그의 실력이 늘었기 때문이다.

조선일보의 최보식, 문갑식은 인터뷰 전문 기자다. 만나보진 않았지만 틀림없이 탄탄한 내공을 갖추었을 것이다. 조용헌 씨도 훌륭한 인터뷰어다. 그는 자기 직업을 채화가(採話家)로 정의한다. 이야기를 채집하는 사람이라는 의미다. 핵심은 인터뷰다. 특별한 사람들을 만나 인터뷰하고 그것을 글로 옮기는 게 그의 직업이다. 명문가, 중원의 고수, 명산을 누빈다. 세상에서 제일 끝내주는 상팔자다.

인터뷰어는 내가 생각하는 최고의 직업이다. 돈을 벌면서 고수들과 공짜로 이야기를 나눌 수 있으니 말이다. 인터뷰를 하면서 가장 큰 혜택을 받는 것은 바로 인터뷰어 자신이다.

셋째, 인터뷰를 보는 사람들이다. 인터뷰 프로그램은 최고의 콘텐츠다. 드라마는 픽션이지만 인터뷰는 논픽션이다. 생생하게 살아 있는 활어 같은 이야기다. 주인공이 지금, 이 자리에서, 자신의 살아 있는 이야기를 생방으로 전해준다.

드라마는 가상의 인물이 가상의 이야기를 전해준다. 그래도 사람들은 눈물을 흘리고 감동한다. 하물며 실제 인물이 자신의 생생한 이야기를 들려주는데 감동하지 않을 방법이 없다. 최고의 혜택은 독자와 청중이다. 그래서 나는 인터뷰 기사와 인터뷰 프로를 꼭 챙겨 본다. 〈힐링캠프〉와 〈무릎팍도사〉 같은 프로를 즐겨 본다.

내 직업은 넓게 보면 콘텐츠를 찾고, 만들고, 이를 가공, 유통하는 것이다. 그 스타팅포인트가 바로 중원의 고수들을 찾아다니며 인터뷰하고, 그 이야기를 전달하고, 그 과정에서 나 자신이 업그레이드되는 것이다. 인터뷰는 내 인생에서 중요한 화두다.

전문가의 뻔한 답변, 도대체 왜?

뉴스에 보면 전문가들이 자주 등장한다. 북한 문제, 정치 문제, 심리학 관련…. 근데 매번 몇몇 교수가 나와 그렇고 그런 뻔한 이야기를 반복한다. 몇 가지 의문점이 생긴다. 세상에 섭외할 사람이 그 교수밖에 없을까? 어떻게 저런 뻔한 말만 할까?

우선, 기자들이 게으르기 때문이다. 알아보면 훨씬 다양한 분야의 전문가를 찾을 수 있지만 여러 이유로 섭외하기 쉬운 사람만을 찾기 때문이다. 그래서 한번 알려진 교수를 계속 활용한다. 제대로 질문하지 못하는 것도 이유다. 일정 수준의 지식을 갖고 있어야 거기에 맞는 질문을 할 수 있는데 기초가 약한 것이다. 물론 방송시간 제약도 한 이유가 될 것이다.

==인터뷰에서 제일 중요한 것은 목적과 거기에 맞는 사람을 찾는 것이다.== 왜 이 인터뷰를 하려고 하는가, 무엇을 얻고 싶은가, 어떤 사람이 거기에 제일 적합할까를 생각해야 한다. 그것이 명확하면 목표의 반은 달성된 것이다.

'위클리조선'에는 수시로 해외 석학들 인터뷰 기사가 실린다. 독자 입장에서 정말 유익한 기사다. 어떻게 저런 고수를 찾았는지, 섭외는 어떻게 했는지 신기하다. 인터뷰도 상당히 잘하고 있다는 느낌을 받는다. 《혼창통》은 그런 결과물을 모은 책이다. 그 책의 저자 이지훈 기자의 강의를 들은 적이 있는데, 인터뷰를 많이 하면서 일정 경지에 올랐다는 느낌을 받았다.

나 자신도 인터뷰를 자주 당하는 편인데, 누가 질문을 하느냐에 따라 인터뷰의 품질이 많이 달라지는 것을 느낀다. 대부분 아무 준비 없이 제목만 갖고 온다. 소통, 리더십, 채용, 가정 경영, 자기계발 등의 주제인데 척 보면 저 사람이 준비된 선수인지 아닌지를 알 수 있다. 사전에 질문지를 보내주는 경우도 있는데 질문 같지 않은 질문도 많다. 인터뷰이가 된 내가 다시 질문을 만들어 보내주는 경우도 있다. 내가 질문하고 내가 답을 하는 격이다. 그래서는 곤란하다.

성공 인터뷰를 위한 체크리스트

　제대로 된 인터뷰를 하려면 먼저 인터뷰어가 철저히 준비되어 있어야 한다. 인터뷰는 사전 준비가 거의 전부다. 인터넷이 발달한 요즘에는 마음만 먹으면 그 사람에 대한 정보를 얼마든지 얻을 수 있다. 특히 인터뷰 대상자들은 유명인이거나 일정 경지에 오른 사람들이기 때문에 여기저기에 관련 기사, 저서, 강연, 강연 후기 등이 널려 있다. 노력만 하면 원하는 정보는 거의 구할 수 있다. 그런 면에서 인터뷰는 현물 대조의 성격을 띠고 있다. 미리 공부하면 확인하고 싶었던 것, 미심쩍었던 것, 궁금했던 것, 사전 조사로는 알지 못했던 것 등을 집중적으로 물어볼 수 있다.

　특히 어젠다에 대한 숙지는 필수다. 어젠다에 대한 이해가 깊지 않으면 제대로 된 질문을 할 수 없기 때문이다. 뭔가를 질문한다는 것은 자신도 그 문제에 대해 질문을 받고 있는 것이다. 질문하는 것이 곧 질문받는 것이다. 또 어젠다에 대해 알고 싶은 것을 질문의 형태로 바꿀 수 있어야 한다. 어떤 질문을 던져야 상대의 입에서 원하는 답이 나올지를 생각해야 한다. 만만한 일이 아니다. 하지만 그것이 인터뷰다. 좋은 질문을 할 수 있느냐 아니냐에 따라 인터뷰의 성패가 50% 이상 결정된다.

좋은 인터뷰어가 되려면 무엇보다 인터뷰어 자신이 일정 수준에 도달해야 한다. 그래서 상대가 '이 친구는 뭘 좀 아네. 이야기를 나눠볼 만하겠는데'라는 생각이 들게 해야 한다. 지적으로 이야기가 통하기 위해서는 이쪽이 충분한 예비 지식과 이해력을 갖추고 있다는 느낌을 상대가 가질 수 있어야 한다.

정서적 교감도 필요하다. 믿을 만하다는 느낌을 주어야 한다. 또 그때그때 순발력을 발휘해 파고들 때는 파고들어야 한다. 묻기 어려운 것도 알고 싶으면 단도직입적으로 물을 수 있어야 한다. 이해되지 않는 것은 이해될 때까지 설명을 요구할 줄도 알아야 한다.

사람들은 대부분 자신의 노하우와 지식과 경험을 공유할 만반의 준비가 되어 있다. 관건은 인터뷰어가 준비되어 있어야 한다는 점이다. 들을 준비가 되어 있으면 말할 준비도 되어 있는 것이다.

최고의 인터뷰어는 끄집어낸다

나는 인터뷰하는 것을 좋아한다. 내 이야기를 하기보다 그들의 인생과 철학을 듣는 것이 좋기 때문이다. 새로운 사람을 만나 그들의 이야기를 듣다 보면 나도 모르게 이야기에 빠져든다. 짧은 시간이지만 그의 삶 속에 내가 들어가는 경험을 한다. 눈이 번쩍 떠지는 느낌이 들 때도 있다. "만남은 눈뜸이다"란 법정 스님의 말 그대로다.

그동안 수많은 사람들과 인터뷰를 했다. 한 주간지에서 성공한 리더들을 취재하는 인터뷰도 몇 년간 했다. 채용 관련 책을 쓸 때도 수십 명의 사람들을 만나 그들의 이야기를 들었다. 5년간 최고경영자과정 주임교수를 하면서 700여 명의 CEO들을 만났는데, 그 역할도 알고 보면 그들을 인터뷰하는 것이었다. 주업인 컨설팅도 띠지고 보면 인터뷰가 대부분이다. 늘 새로운 사람들과 하는 식사도 인터뷰의 또 다른 형태다.

인터뷰(interview)는 '서로(inter)를 본다(view)'는 뜻이다. 서로가 서로를 통해 배운다는 말이다. 정말 멋진 말이다. 우리는 다른 사람을 통해 배운다. 그런 능력을 가져야 일신우일신할 수 있다. 계속 긴장할 수 있고 나아질 수 있다. 내가 더 나은 인터뷰어가 되고 싶어하는 것은 나 자신이 계속 배울 수 있기 때문이다. 인터뷰를 통해 그 사람도 배우길 원하기 때문이다. 자신이 괜찮은 사람이란 사실도 알려주고 싶기 때문이다. 그런 이야기를 세상 사람들에게 들려주고 싶기 때문이다. 나쁜 이야기만 빛의 속도로 퍼지는 세상에서 나만이라도 좋은 소식을 전해주고 싶기 때문이다. 그런 뜻에서 나는 '최고의 인터뷰어가 되는 것은 최고의 인생을 사는 것'이라고 믿는다. 전설적인 인터뷰어인 바버라 월터스가 "나는 정말 축복받은 사람이다. 어떤 때는 내가 그런 대접을 받을 만한 자격이 있는가 하는 생각이 들 때도 있다"라고 말했던 것처럼 말이다.

내 꿈은 대한민국 최고의 인터뷰어가 되는 것이다. 그들의 삶을 멋지게 보여주고, 인터뷰를 한 사람들이 또 인터뷰를 하고 싶어 하는 그런 사람이 되고 싶다. 무엇보다 인터뷰를 통해 조금이라도 나아진 나 자신을 확인하며 살고 싶다.

좋은 인터뷰는 민감한 부분을 자연스럽게 터치한다

그렇다면 좋은 인터뷰란 어떤 인터뷰를 말할까? 인터뷰가 잘되었는지 안 되었는지를 어떻게 알 수 있을까? 인터뷰어와 인터뷰이 모두가 만족해야 좋은 인터뷰다. 인터뷰어 입장에서는 인터뷰 목적을 달성해야 한다. 알고 싶은 것, 궁금한 것을 알 수 있어야 한다. 인터뷰이 입장에서도 그렇다. 하고 싶은 이야기, 해명하고 싶었던 것, 알리고 싶었던 것을 털어놓을 수 있어야 한다. 인터뷰 덕분에 미처 생각하지 못한 것을 생각하고 문제 해결의 실마리를 찾을 수 있으면 더욱 좋다. 인터뷰 결과를 방송이나 기사를 통해 알리는 경우라면 독자나 시청자를 만족시킬 수 있어야 한다. 재미도 있고, 내용도 있고, 배울 게 있어야 한다. 인기 있는 인터뷰 신문기사나 방송프로그램을 보면 이런 부분을 대체로 만족시키고 있다.

조심할 부분이 있다. 어떤 면에서는 이 부분이 핵심일 수도 있다. 누구나 궁금해하지만 차마 물어보기 껄끄러운 부분이다. 좋은 인터뷰어란 예의를 지키면서 이 부분의 이야기를 끄집어낼 수 있는 사람이다. 그래서 인터뷰를 한 후 인터뷰이가 자신도 모르게 "왜 내가 이 이야기까지 했지요?"라고 말하는 인터뷰다. 좋은 인터뷰어가 좋은 인터뷰를 낳는다.

반면 나쁜 인터뷰는 인터뷰이가 입을 잘 열지 않는 인터뷰다. 한마디로 인터뷰어가 목적을 달성하지 못하는 인터뷰다. 알고자 했던 것도 알아내지 못하고 의외의 소득도 없는, 얻은 것이 별로 없는 인터뷰다. 당연히 재미도 없다. 인터뷰이 입장에서도 하고 싶은 이야기를 제대로 하지 못했다는 불만이 강하다. 적합하지 않은 질문, 답하기 곤란한 질문만 집중적으로 받아 취조당했다는 느낌이 든다. 최악의 경우 인격적인 모독을 당했다고 생각하게 된다.

성공적인 인터뷰를 위해서는 둘 다 준비되어 있어야 한다. 인터뷰이는 콘텐츠가 있어야 하고, 인터뷰어는 그의 콘텐츠를 끄집어낼 수 있어야 한다. 그래야 서로 원하는 목적을 달성할 수 있고 다음에 또 만나고 싶어진다.

모든 만남을 인터뷰라고 가정하고 산다면 어떨까? 가끔 내가 하는 상상이다.

6

살아 있는 조직의 언어, 죽어가는 조직의 언어

IMPACT OF WORDS

정직의 힘

기독교 평화운동의 선구자로 평가되었던 독일 목사 디트리히 본회퍼는 히틀러를 두 번이나 암살하려 시도했다. 히틀러 암살 계획에 임하면서 그는 이렇게 말했다.

"미친 사람이 모는 차에 희생되는 사람을 돌보는 것이 내 과제가 아니다. 내 과제는 미친 사람의 운전을 중단시키는 것이다."

한 종교인이 본회퍼에게 요즘 무엇을 위해 기도하느냐는 질문에 그는 주저 없이 이렇게 답했다.

"내 조국의 멸망을 위해 기도합니다. 조국이 온 세계에 주고 있는 고통에 대한 대가라고 생각하기 때문입니다."

본회퍼는 히틀러의 비밀경찰에 체포되었고 1945년 4월 9일 플로센뷔

르크 수용소에서 처형되었다.

2000년 8월 10일 시카고 윌로우크릭의 리더십 컨퍼런스에 빌 클린턴이 참석했다. 여러 스캔들로 시끄러울 때로 찬반양론이 많았지만 빌 하이벨스 목사가 그를 강사로 초빙한 것이다. 초췌한 모습의 클린턴은 이렇게 말했다.

"막스 베버는 정치에 뛰어드는 모든 사람은 자기 영혼을 잃어버릴 각오를 해야 한다고 말했습니다. 정말 그렇습니다. 권력은 정말 내적 세계를 황폐하게 만든다는 것을 알았습니다."

그러면서 그는 자신이 씻을 수 없는 도덕적 실수를 저질렀고, 그로 인해 부서진 자기 삶과 가족의 삶을 힘겹게 조금씩 재건해가는 중이라고 솔직히 말했다. 그리고 자신을 초청한 빌 하이벨스 목사가 미국 교회 지도자들로부터 많은 비난을 받게 되어 가슴 아프다고 이야기했다. 그러나 자신은 정말 외로웠고 누군가 이야기할 사람이 필요했다고 고백했다.

"정치가에게는 정말 목사가 필요합니다. 저만 봐도 그것을 알 수 있지 않습니까? 병자에게 의사가 필요한 것처럼 저 같은 사람에게 교회가 더 필요합니다."

그날 자리에 있던 4,000명의 참석자들은 이상한 감동에 사로잡혀 퇴장하는 클린턴에게 기립박수를 주었다.

무엇이 이들을 감동시켰을까? 솔직함이다. 진정성이다.

브라질의 35대 대통령 룰라 다 실바 대통령은 파산 위기에 처한 브라

질을 부활시킨 사람이다. 부활의 핵심은 솔직함이다. 그는 파산 위기에 처한 브라질의 경제 사정을 숨김없이 밝혔다. 2주에 한 번 재무장관을 월스트리트에 파견해 브라질 경제의 실상을 솔직하게 설명했다. 그 솔직함에 월가는 감동했다. 저렇게 솔직한 사람과는 뭘 해도 할 수 있겠다는 생각이 든 것이다. 그 결과 외국인 직접투자가 엄청 늘었고 1,000만 개의 일자리가 만들어졌다. 그리고 경제가 살아났다. 세계 8대 경제대국이 되었다. 솔직함의 힘이다.

그들은 왜 2등이라고 했을까?

솔직함은 마케팅에서도 통한다. 대부분의 마케팅은 부풀림이다. 그래서 과장 광고로 경고를 받기도 한다. 하지만 그와 반대로 해서 기대 이상의 효과를 거둔 경우도 있다.

"우린 2등입니다. 그래서 더 열심히 노력하지요"

렌터카 업계의 2등 에이비스의 광고다. 이 솔직한 광고로 에이비스는 큰 성과를 거두었다.

구강세척제 리스테린도 솔직함으로 재미를 봤다. 이들의 광고 카피다.

"하루에 두 차례씩이나 싫어하는 맛, 하지만 세균을 죽이는 데는 탁월한 효과가 있는 리스테린."

맛은 없지만 필요하다는 사실을 솔직하게 이야기해 사람들의 마음을 샀다.

부모 자식 간에도 솔직함은 통한다. 아버지가 건강 문제로 일을 못해서 어머니가 일을 하면서 어렵게 사는 집이 있었다. 두 자녀의 등록금을 대는 일은 보통 일이 아니었다. 하지만 자식들은 천하태평이었다. 대학을 마치고도 취직할 생각은 안 하고 공부를 더 하고 싶다고 했다. 참 철딱서니도 없었다. 어머니는 그 문제로 고민을 하고 있었다. 솔직하게 털어놓으라고 했다.

"지금 우리 집 사정이 너희들이 공부를 계속할 만큼 여유 있지 않다. 빨리 졸업하고 밥벌이에 나서라. 공부는 너희들이 돈을 벌어 해결해라. 그래야 너희들도 살고 부모도 산다."

이 말을 들은 자식들은 둘 다 취직을 했다. 지금은 살림이 훨씬 나아졌다. 만약 뭉기적거리면서 자식을 위한다며 대학원에 보냈다면 그 집은 지금 어떻게 되었을까?

대선을 보면서도 솔직함에 대해 생각했다. 당시 화두는 복지였다. 내가 대통령이 되면 국가가 알아서 모든 걸 해주겠다는 것이다. 사실 그런 말은 하기 쉽다. 해주겠다는 데 싫어할 사람이 어디 있겠는가. 또 이해도 된다. 한 표가 아쉬운 마당에 싫은 소리를 어떻게 하겠는가. 하지만 지도자가 되려는 사람은 솔직해야 한다. 안 되는 것은 안 된다고 이야기하고, 못하는 것은 못한다고 이야기할 수 있어야 한다. 요구할 것은 요구해야 한다. 대통령은 솔직해야 한다. 지금 나라 사정이 이렇고 이렇다,

이렇게 퍼주다가는 곳간이 거덜 난다, 그러니 힘들더라도 참아야 한다면서 무언가를 국민들에게 요구할 수 있어야 한다. 국민들을 징징거리는 아이 취급을 해서는 안 된다.

다음은 솔직함에 관해 다시 생각해볼 수 있는 글이다.

고요히 머물러 사랑하기
− 테클라 메를로

누구나 잘못을 저지를 순 있지만
누구나 솔직할 수 있는 건 아니다
진실한 사람의 아름다움은 무엇과도 비길 수가 없다
솔직함은 겸손이고 두려움 없는 용기다

모든 진실은 이 길로 통한다

한동안 인터넷에 '경영자들이 가장 많이 쓰는 말의 속뜻'이란 글이 돌아다닌 적이 있다. 이런 식이다.

그가 "재미있네"라고 하면 재미있다는 말이 아니라 "내 생각은 다르다"는 말이다. "내 생각은 다른데"라는 말은 "내 생각은 정말 많이 달라. 알겠니?"라는 말이다. "사람이 융통성이 있어야지"라는 말은 "하고 싶지 않아도 시키면 해"라는 말이다. "더 큰 그림을 그리라니까"라는 말은 "내가 원하는 방향을 모르냐?"라는 질책의 말이다. "결정했네"라는 말은 "내 뜻은 확고하니 더 이상 왈가왈부하지 마"라는 말이다. "나중에 더 이야기해보자"라는 말은 "그랬다간 죽을 줄 알아"란 말이다.

이 글을 읽고 혼자 많이 웃었다. 그동안 스쳐간 수많은 상사와 경영자의 얼굴이 떠올랐기 때문이다.

예전 직장에서 같은 직급의 상사 3명을 동시에 모신 적이 있었다. 그들은 사이가 좋지 않아 같이 만나지도 않았고, 만나도 솔직한 이야기를 하지 않았다. 겉으로는 미소를 지었지만 속은 전혀 그렇지 않았다. 그들은 상대 앞에서는 절대 부딪치지 않았다. 생각이 다르더라도 겉으로는 멋지게 포장했다. 늘 "그 말에 일리가 있습니다. 한번 검토해보겠습니다. 지당하신 말씀입니다"라고 이야기했다. 하지만 나와 둘이 있으면 태도가 돌변했다.

"저 사람 제정신이야? 그 일을 그렇게 하면 어떻게 해? 한 이사가 그분에게 안 된다고 하세요."

또 다른 상사를 만나도 비슷했다.

"참 기막힌 일이네. 나는 저 사람과 생각이 달라요. 이 일은 이렇게 해야 합니다."

중간에 끼인 나는 참으로 난감했다. 완전히 '똥개훈련'을 받는 격이었다. 자기들이 만나 솔직하게 이야기하면 쉽게 풀릴 일을 왜 가만히 있는 것일까? 같이 있을 때는 아무 얘기도 없다가 왜 혼자 있을 때 열을 내는 것일까?

조직 내에는 솔직함이 별로 없다. 솔직하게 이야기하는 것의 리스크를 알기 때문이다. 상사를 싫어하고 경멸하지만 회사를 다니는 한 그런 이야기를 어떻게 할 수 있겠는가. 동료에 대해서나 동료가 제안한 새로운 아이디어에 대해서도 솔직함에는 한계가 있을 수밖에 없다. 그래서 공식 회의는 대부분 가면극 같다는 생각이 든다. 속내와는 다른 표정으로 그럴듯한 이야기를 한다. 싫어도 싫다고 하지 않고 참으로 좋은 생각이지만 이런 점을 조금 생각해봐야 하지 않겠느냐고 에둘러 말한다. 그래서 회의를 할수록 회의(懷疑)가 생긴다. 오히려 회의 후 화장실에서 동료들끼리 나누는 이야기에 솔직함이 있다.

"그게 장사가 되겠어? 그래도 오너가 하라니까 어떻게든 하는 척은 해보자고."

솔직하지 않은 사람일수록 자신이 솔직하다는 이야기를 많이 한다. 아예 '솔직히 말해서'를 입에 달고 사는 사람도 있다. 말이 긴 사람도 그렇고 자기 행동을 포장하는 말을 많이 하는 사람도 마찬가지다. 내가 얼마나 당신을 위하는지, 당신과 평생을 가고 싶은지 알아주었으면 좋겠다는 사람에게서는 진정성이 느껴지지 않는다.

"말은 자기 속마음을 표현하기 위해 있다고는 하나 내가 경험한 여러 사람은 자기 속마음을 감추기 위해 말을 한다."

박근혜 대통령의 말이다. 그도 교언영색의 실상을 깨달은 것 같다. 말을 달콤하게 하는 사람을 조심해야 한다.

진실은 말로 전달되지 않는다. 눈빛과 행동을 통해 느낄 뿐이다. 사람은 자기 속마음을 숨길 수 없다. 언젠가는 들통이 난다. 거기서 문제가 커진다. 내가 좋아하고 그도 나를 좋게 생각하는 줄 알았던 상사가 남들 앞에서 나를 욕하고 다녔다는 사실을 알게 되면 사람들은 더 분노한다. 배신감이 두 배가 된다. 그렇게 되면 두 사람은 늘 두꺼운 가면을 쓰고 행동하게 된다. 그런 사실을 모르는 상사는 예전처럼 부하에게 입에 발린 소리를 할 것이고, 부하는 상사의 속을 꿰뚫어보면서 속으로 '아무리 그래도 나는 더 이상 당신을 신뢰하지 않거든. 제발 맘에도 없는 말 좀 그만하시지'라고 생각한다. 비극이다.

솔직함이 없는 곳에 오래 있으면 사람이 상한다. 공기가 부족한 곳에 있는 것과 같기 때문이다. 솔직함이 부족한 사람과 시간을 보내는 일은 괴롭다. 그 사람이 하는 말에 집중하지 못하고 대신 속으로 '이 사람이 하는 말이 어디까지 진실일까? 다른 의도는 없을까?'를 생각하게 되기 때문이다.

당신은 얼마나 솔직한가? 당신 조직은 얼마나 솔직한가? 솔직하지 못하면 비용이 수반된다. 문제가 생겨도 덮을 가능성이 높다. 그 문제가 곪아서 더 큰 문제로 비화할 가능성이 높다. 모두가 아는 문제를 사장인 당신만 모를 가능성도 있다. 커뮤니케이션 비용도 많이 든다. 서로 딴소리를 하기 때문이다. 말에 대한 해석도 각각이다. 다들 에둘러 말한다. 그러니 이해하기 어렵다. 좋다는 말인지 싫다는 말인지 알 수 없다. 하라는 말인지 하지 말라는 말인지 헷갈린다. 그래서 회의 후에는 상사의 본심을 읽기 위한 또 다른 회의가 열린다.

솔직한 조직 만들기

솔직함이 경쟁력이다. 솔직한 조직이 경쟁력이 있다. 솔직함을 살려야 한다.

첫째, 먼저 당신이 솔직해야 한다. 조직이 솔직하지 않은 것은 사장인 당신이 솔직하기 않기 때문이다. 사람은 상대적이다. 상대가 솔직하면 나도 솔직하게 된다. 상대가 가면을 쓰면 나도 가면을 쓰게 된다. 만약 직원들이 솔직하지 못하고 뭔가 당신 앞에서 머뭇거린다면 그건 상사인 당신 책임이다.

둘째, 겸손하라. 솔직함은 겸손이다. 겸손한 사람만이 솔직할 수 있다. 내가 다 아는 것은 아니다, 나도 틀릴 수 있다고 생각하면 솔직할 수 있다. 자신의 실수도 털어놓고, 모르는 것은 모른다고, 잘못한 것은 잘못했다고 이야기하라. 그러면 솔직한 조직을 만들 수 있다. 부하들이 당신을 우습게 볼까 걱정된다고? 그 반대다. 당신의 실수에 대해 사람들은 다 알고 있다. 단지 모르는 척하고 있을 뿐이다. 《탈무드》에 나오는 "자신에 대해 비웃을 수 있는 사람은 다른 사람의 비웃음을 사지 않는다"는 말을 기억하라.

셋째, 겉치레 말은 없애라. 명예퇴직 같은 말이 대표적이다. 명예퇴직이란 말을 들을 때마다 편치 못하다. 솔직하지 못하단 생각이다. 자르는 사람에게 왜 명예퇴직이란 말을 쓸까? 아마 자른다는 말이 미안하니까 말이라도 번지르르하게 붙인 것이다. 명예퇴직자 중 회사 그만두는 것에 명예를 느끼는 사람은 없다. 불명예스럽다는 것을 알기 때문에 명예퇴직이라고 부른다. 그런 쓸데없는 말은 다 버려라.

넷째, 용기가 필요하다. 회사 사정이 어려워 봉급을 30% 줄인다는 걸 이메일로 알린 사장이 있다. 대면해서는 말할 용기가 없었기 때문이다. 결과는 어땠을까? 상상에 맡긴다. 매는 먼저 맞는 게 낫다. 경영을 하다 보면 싫은 이야기, 나쁜 뉴스도 전해야 한다. 미적거린다고 문제가 해결되지는 않는다. 뭔가 감추고 있는가? 솔직하게 털어놓고 그들의 의견을 구하라.

토요타의 철학 중 하나는 'Bad News First(나쁜 뉴스부터)'다. 긍정적인 이야기를 회의 때 하는 건 시간 낭비라고 생각하기 때문이다. 일본의 화장품회사 가오는 화장품 강매라는 불미스러운 일이 있었을 때 이를 도쿄증권거래소에 발표하고 책임을 밝혔다. 사실 어느 회사나 조금씩은 있는 일이고 금액도 매출액의 0.4%에 지나지 않았지만, 당시 고토 사장은 단호했다. 나쁜 일을 그대로 발표하지 않으면 나쁜 일을 해도 괜찮다고 직원들이 생각할까봐 두려웠기 때문이다.

솔직의 한자말은 '率直'이다. 거느릴 솔(率)에 바를 직(直)이다. '바른 것으로 다스린다'는 말이다. 솔직함으로 경영하라. 경쟁력을 얻을 것이다.

건강한 갈등을 허(許)하라

    JTBC의 〈무자식 상팔자〉라는 드라마를 재미있게 보았다. 가부장적 태도의 전형인 이순재는 아침마다 식구들을 대상으로 설교를 한다. 다른 식구들은 한마디도 못한다. 구구절절 맞는 이야기지만 식구들 표정을 보면 죽음 그 자체다. 괴롭지만 어른이고 윗사람이라 어쩔 수 없이 듣는다. 부인은 노골적으로 못마땅한 표정을 짓고 수시로 그만하라고 옆구리를 찌른다. 결국 부인으로부터 이혼하자는 이야기를 듣고 만다. 올 것이 오고 말았다는 생각이다.

   조직에서 일할 때 그런 일들이 종종 일어난다. 한번은 점심시간이 훨씬 지나도 사장님 설교가 끝나지 않는 거다. 다들 아무 이야기를 안 하길래 제일 졸병인 내가 "사장님, 밥을 먹고 하면 어떨까요?"라고 이야기를 했다. 사장님은 웃으면서 "벌써 시간이 그렇게 되었나?"라면서 회의를 끝냈다. 다들 좋아했다. 근데 나중에 전무가 "건방지게 그런 말을 하면 어떻게 하냐!"며 충고를 했다. 기가 막혔다. 못할 말 한 것도 아니고, 식사 시간 지났으니 밥을 먹고 하자는 게 잘못인가? 그런 말도 못하는 조직에서 무슨 영양가 있는 일을 할 수 있단 말인가? 우리가 무슨 노예인가, 의견이 없는 꼭두각시인가?

관료적인 조직일수록 다른 의견을 용납하지 않는다. 금기시되는 말이나 영역이 존재한다. 할 말을 못하니 사람들 표정은 늘 어둡고 뭔가를 감추고 있는 느낌이다. 쓸데없이 엄숙하고 경건하다. 숨이 막힌다. 이런 곳에서는 개인도 조직도 시든다.

발전하기 위해서는 자기 의견이 있어야 한다. 그런 의견을 자유롭게 개진하고 다른 의견을 받아들일 수 있어야 한다. 유대인이 강한 이유 중 하나도 자유로운 의견 개진 덕분이다. 바로 '후츠파 정신'이다. 자유롭게 도전적으로 질문하는 정신이란 뜻이다. 《유대인 이야기》란 책을 쓴 홍익희 선생의 설명이다.

이스라엘에서는 얌전하거나 점잖은 것이 덕이 아니다. 그보다는 적극적으로 자기 의사를 표현하는 게 미덕이다. 질문을 많이 할수록 공부에 흥미를 가지고 스스로 알아서 공부하며, 배운 것을 그대로 받아들이기보다는 다각도로 살펴 창의력을 키울 수 있기 때문이다. 학교 수업 방식

역시 마찬가지다. 선생님은 설명하고 아이들은 조용히 듣는 학교 모습은 상상할 수 없다. 선생님 말이 떨어지기 무섭게 아이들은 모르는 것을 끊임없이 질문하고 대화한다. 이스라엘 교육이 한국과 다른 점은 일방적 지식 전수보다 대화에 의해 학생이 원리를 스스로 깨닫도록 하는 데 있다. 이것이 바로 이스라엘 교육의 핵심인 대화법이다. 이렇게 자신이 모르는 것을 인정하고 당당하게 질문하는 태도를 '후츠파'라고 한다.

후츠파는 한국인의 정(情)처럼 유대 민족이 갖고 있는 독특한 문화다. 주제넘은, 뻔뻔한, 오만한 같은 부정적인 뜻도 있지만 도전적인, 놀라운 용기, 배짱 등 긍정적인 의미도 담고 있다. 이스라엘의 대학에서는 교수든 학생이든 서로 의견이 다를 때는 몇 시간이고 끝장 토론을 벌인다. 지위 고하를 막론하고 자유롭게 의견을 교환하고 자기주장을 말한다. 실패를 두려워하지 않는 후츠파 정신은 유대 민족의 창조성을 키우는 원동력이다.

이러한 후츠파 정신이 에디슨과 아인슈타인 같은 세계적인 과학자는 물론 오늘날 IT업계와 벤처업계를 리드하는 유대인 경영자들을 길러냈다. 실제 이스라엘은 후츠파 정신에 기반한 벤처창업이 매우 활발한 나라다. 나스닥 상장기업 중 미국 기업을 제외한 기업 중 40%가 이스라엘 기업이며 세계 벤처캐피털의 31%가 여기에 투자하고 있다. 또 이스라엘의 주요 대학과 연구소 4~5곳이 1년간 특허료로만 벌어들이는 수익이 우리 돈으로 2조 3,000억 원에 달한다. 인구가 710만 명이고 의대 수가 미국의 30분의 1에 불과하지만 세계 바이오벤처의 70% 이상을 차지하고 있다. 후츠파 정신의 저력이다.

반대 의견이 없는 조직은 없다. 하지만 그것이 제대로 표출되는 경우 또한 거의 없다. 가와시마 기효시 전(前) 혼다 사장은 퇴임의 변을 이렇게 말했다.

"최근 2~3년간 내가 말한 사항들이 사내에서 8할이나 통과되었습니다. 6할이 넘으면 원맨 경영의 폐해가 나타나는 위험 신호라고 하는데 그렇다면 지금 혼다가 위험하다는 이야기 아닌가요? 제가 계속 사장 자리에 있으면 우리 회사는 직선적으로밖에 성장하지 못합니다. 그렇기 때문에 나는 퇴임을 결정했습니다."

참 대단한 사람이다. 관리자 중 70%는 보스의 일이 실패할 것을 알면서도 피드백이나 충고를 하지 않는다. 통하지 않는 조직일수록 상사의 말에 토를 달지 않는다. 일사불란하게 의사결정이 이루어진다. 물론 속으로는 '그게 되겠어?'란 생각을 한다.

하수는 반대 의견을 부정하고 고수는 수용한다.

"내가 싫어하는 사람을 승진시키는 걸 주저하지 않았다. 오히려 뭐가 사실인지를 말하는 반항적이고, 고집 센, 참을 수 없는 타입의 사람을 항상 고대했다. 만약 우리에게 그런 사람들이 많고 이들을 참아낼 인내가 있다면 그 기업에 한계는 없다."

IBM 창업자 토머스 왓슨의 말이다.

"나는 반대자들에게 늘 감사한다. 조직은 리더가 가진 꿈과 그릇만큼 자란다. 큰 그릇은 많은 걸 담을 수 있다. 나와 동질적인 것, 나를 편안하게 하는 것뿐만 아니라 나와 다른, 나를 불편하게 하는 것도 끌어안을 수 있을 때 조직은 성장한다."

인텔의 전 회장 앤드류 그로브의 말이다.

나를 불편하게 하는 사람을 못 참는가? 그렇다면 인재들은 떠나고 반대 의견은 사라질 것이다. 물론 당신 조직도 무너져갈 것이다. 사람도 조직도 반대 의견과 불편함을 통해 성장한다. 세계적인 화장품회사 로레알이 '건강한 갈등 조장(constructive confrontation)'을 핵심 철학의 하나로 삼는 이유도 그래서다.

'반응'하는 사람이 인정받는다

근처에 이모님이 살고 계신다. 친척이 별로 없기 때문에 가족처럼 지낸다. 함께 식사도 하고, 명절 때는 인사도 다니고, 이종사촌들과도 친하게 지낸다. 이모님 덕분이다.

이모님은 별거 아닌 것을 선물해도 반색하신다. 얼마 전 집사람이 시장에서 6,000원 주고 목에 두르는 바람막이를 사서 이모님께 선물을 했는데 그렇게 좋아하실 수가 없다. 전화로도 고맙다고 이야기하고 만나서도 또 그 얘길 하신다. 그깟 6,000원짜리에 그렇게 감격을 하시니 선물한 사람이 오히려 황송하다. 그러니 뭔가 괜찮은 물건만 생기면 이모님을 챙기게 된다. 우리 이모님의 핵심 역량은 반응이다. 반응이 좋으니까 자꾸 좋은 일이 생기는 것이다.

전에 인사 관련 프로젝트를 수행하느라 한 제약회사의 전무님과 몇 달 일을 한 적이 있다. 나와 거의 동년배다. 나는 그분의 일하는 모습에 감동했다. 다시 또 일하고 싶다. 재미있었다. 일하는 맛이 났다. 무엇보다 살아 있다는 느낌을 받았다. 표정도 살아 있고 행동도 민첩하다. 뭔가 연락을 하면 바로 피드백이 온다. 말을 하면 지체 없이 거기에 대한 본인의 생각을 들을 수 있다. 그분은 클라이언트, 컨설턴트와의 중간 역할을 했다. 덕분에 나는 거의 공짜로 프로젝트를 했다. 너무 편했다. 뭔가 이슈가 생기면 척척 나서서 일을 처리한다. 양쪽의 생각을 이야기하고, 내 의견을 묻는다. 미팅 시간, 프로젝트 가격 같은 것도 바로 결정한다. 나는 대답만 하면 되었다. 인터뷰를 하면서도 그랬다. 다른 사람들은 그 나이에 구조조정을 두려워하지만 그분은 반대다. 오너에게 두 번이나 사의를 표했지만 제발 자기랑 같이 있자고 해서 그만두지 못하고 있다. 참 부럽다. 내가 생각하는 그분의 핵심 역량도 반응하는 능력이다. 나이가 들어도 그런 사람은 젊은이다. 나이가 어려도 반응하지 못하면 노인이다.

끝내주는 회사의 조용한 사람들

요즘에는 경력사원 교육을 많이 한다. 예전에는 경력사원 교육이란 게 없었다. 있어도 1년에 한 번 할까 말까였다. 하지만 이직이 보편화되면서 경력사원 교육이 하나의 프로그램으로 자리를 잡았다. 내가 교육을 했던 모 회사는 일반 소비상품이 많아 직원들에게 혜택이 많았다. 영화, 찻집, 식당, 화장품까지 뭐든 디스카운트가 되었다. 정말 끝내주는 혜택이다. 이런 회사라면 나도 다니고 싶다는 생각이 들었다. 근데 당사자들은 별 반응이 없었다. 시큰둥했다. 경력사원이라지만 30세 전후에 불과한 사람들이다. 나는 이들을 볼 때마다 그런 생각이 들었다.

'언제부터 이들은 반응을 하지 않았을까? 어쩌다가 이렇게 매사에 흥미를 잃었을까? 이들은 무슨 일이 있어야 반응을 할까?'

M&M 초콜릿으로 유명한 마즈의 김광호 대표는 한국뿐 아니라 홍콩과 대만 쪽도 책임지고 있다. 가능하면 한국인들을 해외로 내보내 성장시켜주고 싶은데 생각처럼 한국 사람들이 적극적이지 않다고 걱정을 한다. 그가 내세우는 글로벌 인재가 되기 위한 조건 3가지는 언어(language), 민첩함(agility), 이동성(mobility)이다. 언어는 그 나라의 말 혹은 영어를 말한다. 이동성은 한국뿐 아니라 세계 어디에서도 근무할 마음자세를 갖고 있는 것이다. 그가 가장 강조하는 것은 바로 민첩함이다. 이는 행동만을 뜻하지 않는다. 반응할 수 있는 사람을 말한다. 좋으면 좋다, 싫으면 싫다, 내 의견은 이렇다고 자기표현을 할 수 있는 사람이다. 근데 관료적인 회사에서 몇 년 근무를 하면 다들 크렘린이 된다는 것이다. 자칫 의사표현을 했다가 쓴맛을 볼지 모른다는 생각 때문일 것이다.

하지만 우리는 좋든 싫든 평가하고 평가받으며 살고 있다. 많은 경우 그 사람의 반응에 따라 그 사람을 평가한다. 반응 능력은 평가의 주요 기준이다. 반응 능력은 업무에서도 중요하다. 업무도 따지고 보면 자극과 그에 대한 반응이다. 일을 잘한다는 것은 이슈 제기를 잘하고 이슈에 대해 빠르고 정확하게 반응하는 것을 의미한다. 예를 들어 품질부서는 문제점을 지적하면서 시정조치 요구통보서(corrective action required)라는 것을 관련 부서로 보낸다. 이를 받은 부서는 이에 대한 계획 및 조치 사항을 시정조치 결과통보서(corrective action report)라는 형태로 반응하게 된다. 이것이 제대로 이루어지지 않으면 어찌 되겠는가. 문제점을 얼마나 정확히 이슈화했는지, 관련 부서가 얼마나 신속하게 반응하는지가 그 조직의 건강함을 이야기한다.

영어로 책임(responsibility)은 '반응(response)하는 능력(ability)'이란 의미다. 반응하는 것이 능력이다. 살아 있는 사람이 반응을 보인다. 죽어 있는 사람은 반응을 보일 수 없다. 죽어가는 사람은 반응이 느려지거나 사라져간다. 반응한다는 것은 살아 있다는 증거다. 깨어 있고 움직인다는 뜻이다. 그래야 소통할 수 있다. 세상에서 제일 답답한 사람은 반응이 없는 사람이다. 좋은지 싫은지 속을 알 수 없는 사람이다. 답이 없거나 느린 사람이다. 무슨 이야기를 해도 별 반응을 보이지 않는 사람이다. 그런 사람과는 소통이 안 된다. 부족한 감수성 때문이건 타고난 천성 때문이건 반응 부족이나 무반응은 무책임과 일맥상통한다. 치명적

결함이다.

  정확하고 신속하게 반응하는 것이 성공의 필요조건이다. 당신이 반응을 보이면 세상도 당신에게 반응을 보일 것이다. 뚱한 표정으로 아무 반응을 보이지 않으면 세상 역시 당신을 뚱한 표정으로 볼 것이다. 당신은 어떤가? 반응을 잘하는가, 아니면 희다 검다 말이 없는가?

피드백의 생명은 속도

함흥차사란 별명을 가진 팀장이 있다. 걸핏하면 회사에 나오지 않고, 중요한 일을 앞두고 연락이 안 되기 때문에 붙여진 별명이다. 심지어 자신이 책임지는 과정의 행사 당일에도 핸드폰이 꺼져 있어 모두를 초주검으로 만들었다. 팀원들이 뭔가 물어보기 위해 문자를 해도 대부분 씹었다. 하루 지나 답을 하는 경우도 비일비재했다. 팀원들 입장에선 돌아가실 지경이다. 뭔가 결정을 해야 할 책임자가 문자를 씹고 전화가 꺼져 있으니 이 일을 어떻게 하란 말인가?

하지만 팀원들 마음대로 무엇을 하면 난리를 쳤다. 누구 맘대로 이런 결정을 했냐, 당신이 책임 질거냐 하면서 따져댔다. 팀원들은 거의 정신과 치료를 받아야 할 지경에 이르렀다. 팀장이 전화만 해도 가슴이 철렁

내려앉는다는 팀원들도 있었다. 그런데도 회사에서 그의 지위는 탄탄했다. 우선 학력이 끝내줬다. 인물도 좋고 말을 잘했다. 어찌나 자기주장이 확실하고 논리정연한지 상사들도 그가 따지면 두 손 두 발을 다 들었다. 배우자도 능력이 있어 경제적으로 탄탄했다. 한마디로 꿀릴 게 없는 사람이다. 여차하면 회사를 그만둔다는 이야기도 자주 했다. 그에게 회사는 그저 심심해서 다니는 곳에 불과했다. 책임감도 헌신도 팀원에 대한 사랑도 제로인 사람이다.

개인적으로 잠수 타는 사람을 신뢰하지 않는다. 특히 서로 같이 일을 하는 경우 상대편이 이런 사람이면 난감하다. 일하기가 힘들다. 보통 강의는 강의를 청탁한 사람이 확인한다. 간혹 확인이 없으면 강사인 내가 확인을 한다. 근데 연락이 안 되는 거다. 문자를 보내도 답이 없고 전화를 해도 꺼져 있거나 받지 않는다. 도대체 무슨 사정이 있는 것일까?

최근에 교육을 중간에서 연결해주는 일명 컨설팅업체에서 이런 사람을 만난 적이 있다. 정말 연락하기가 어려웠고 결국 강사료도 받지 못했다. 여러 번 연락해도 답이 없었다. 겨우 연락이 되면 입금하겠다고 하고 어긴다. 그런 일이 몇 번 반복되더니 회사를 그만두고 다른 사람에게 이 일을 인계했다. 결국 내가 포기하고 말았다. 이미 조짐이 보였을 때 그런 사람과 일을 하지 말았어야 했는데 내 실수라고 생각하기로 했다.

피드백의 속도는 애정의 깊이

애정과 피드백 속도는 비례한다. 남녀 간 사랑이 그렇다. 뜨겁게 사랑하는 남녀는 피드백이 빠르다. 문자를 보내면 바로 답이 온다. 전광석화 같다. 기다리던 문자이기 때문이다. 악조건 속에서도 어떻게든 답을 보낸다. 사랑이 식으면 답하는 속도가 느려진다. 답할 수 없는 것이 아니라 답하기 싫기 때문이다. 맘이 내키지 않기 때문이다. 답이 늦는 일이 잦아지면 애정이 식었다고 보면 된다.

가끔 워크숍 때 배우자에게 문자로 '나를 어떻게 생각하는지' 물어보라고 주문한다. 답하는 속도와 내용을 보면 배우자와의 관계를 어느 정도 짐작할 수 있다. 내용이 충실하고 답변 속도가 빠르면 애정 전선에 별 문제가 없다. 속도도 느리고 내용도 부실하면 문제가 있다. 아예 답변이 없으면 심각한 문제가 생긴 것이다. 답할 가치를 못 느끼기 때문이다. 물론 피치 못할 사정이 있는 경우도 있는데, 이것은 본인이 제일 잘 안다.

조직에 대한 애정도 그렇다. 조직을 사랑하면 즉각 답이 온다. 일과 시간에는 물론 퇴근 후에도 칼같이 온다. 마지못해 다니는 직장이면 일과 시간에 온 문자도 마지못해 답을 한다. 퇴근 후에는 바로 씹는다. 퇴근 후까지 업무에 얽매이기 싫기 때문이다.

보험업계의 스타로 떠오르는 회사가 있다. 짧은 기간에 엄청 큰 성과를 거두었다. 이 회사의 CEO는 속도를 가장 중요시한다. 모든 문제점을 즉각 처리해야 경쟁력이 있다고 생각한다. 그러기 위해서는 모든 사람과 언제 어디서든 통화가 가능해야 한다고 생각한다. 그는 모든 문제를 핸드폰으로 해결한다. 자신의 핸드폰 번호를 모든 설계사들에게 공개했다. 언제 어떤 문제든 자신에게 알리라는 것이다. 문제를 보고받은 즉시 확인하고 이를 조치한다. 그가 가장 싫어하는 사람은 전화를 안 받거나 늦게 받는 사람이다. 임원들은 24시간 전화를 받아야 한다. 쉬는 것은 상상할 수 없다. 회사 임원이 전화를 못 받을 상황이 뭐가 있냐는 것이다. 전화를 받지 못하거나 늦게 받는 것은 회사를 사랑하지 않기 때문이라고 생각한다. 일에 대해 애정이 없기 때문이라는 것이다.

세계적인 스포츠마케팅회사 IMG의 전 CEO 마크 매코맥은 승진의 조건으로 다음 3가지를 내세웠다. 조직에 대한 충성도, 디테일에 대한 집착, 빠른 피드백이 그것이다. 당신은 어떤 사람인가? 직원 중 피드백이 빠른 사람과 느린 사람은 누구인가, 빠른 사람 중 시원치 않은 사람이 있는가, 느린 사람 중 괜찮은 사람이 있는가?

기분 좋은 격려는 '거리'를 찾는다

예전 회사에서 임원으로 있을 때의 일이다. 자동차회사라 직원들에게 정보 판매란 것을 권장했다. 주변에 자동차를 살 만한 사람을 영업사원에게 소개함으로써 판매를 촉진하고 개인별로 그 실적을 관리하는 것이다. 말은 권장이었지만 그 때문에 스트레스를 많이 받았다.

당시 현장에 장병주(가명)란 직원이 근무하고 있었는데 평판은 그다지 좋지 않았다. 일하는 것은 그저 그런 데다가 부정적이고 삐딱하다는 소리를 듣고 있었다. 그런데 어찌 된 일인지 자동차를 3대나 판 것으로 보고를 받았다. 호기심도 있고 격려도 해줄 겸 그를 부서장 회의 때 불러서 어떻게 차를 많이 팔았는지 물어보고 수고했다고 격려했다. 대충 이런 말을 한 것 같다.

"자네에게 그런 능력이 있다니 참 대단하네. 앞으로도 계속 잘해주고, 그런 능력을 살리길 바라네."

그리고 선물로 양주 한 병을 그에게 주었다. 무척 당황하던 그의 눈빛을 아직도 잊을 수가 없다. 그 사건 이후 그는 완전히 달라졌다. 성실하고 반듯한 모범생으로 바뀐 것이다. 얼마 후 술자리에서 그의 고백을 듣게 되었다.

"이사님, 저는 이사님 방에 간 것이 처음입니다. 공개적으로 그런 칭찬과 격려를 받은 것도 처음입니다. 그렇게 좋은 선물을 받은 것도 처음입니다. 처음으로 인간 대접을 받았다는 생각이 들면서 앞으로는 정말 잘 살아야겠다고 결심했습니다."

별 생각 없이 한 행동이 그 사람의 삶에 지대한 영향을 끼친 것이다. 회사를 떠난 지 10년이 되어가지만 지금도 가끔 그는 술을 먹고 내게 전화를 한다. 그리고 이렇게 이야기한다.

"이사님, 보고 싶어요. 한번 가평에 놀러오세요."

아내는 초등학교 3학년 때 담임선생님이 가장 기억에 남는단다. 이유를 묻자 선생님이 이런 말을 했기 때문이란다.

"사람이 살아가는 데 말하는 습관이 참 중요하다. 아무렇게나 생각나는 대로 말을 뱉는 사람이 있는데, 너는 어리지만 참 진중한 것 같다. 말을 하기 전에 꼭 두세 번 생각하고 이야기를 하는 것 같더구나. 앞으로도 그런 좋은 태도를 잘 유지하기 바란다."

그 말을 들은 아내는 기분이 좋았고, 이후 더욱 말하는 데 조심하면서 살게 되었다고 한다.

팀장님, 스피치 정말 멋지던데요

질책이나 비판은 사람을 주눅 들게 하지만 격려는 사람을 기운차게 한다. 나를 인정해주는 사람이 있고, 내게 잘하는 면이 있다는 사실을 알려주기 때문이다. 그렇다면 격려의 특성과 방법은 무엇일까?

첫째, 격려의 힘을 인정하고 격려할 '거리'를 찾아야 한다. 야단칠 궁리를 하는 사람에게는 늘 허점만 보인다. 반대로 어떻게 격려할 것인가를 고민하면 그것을 찾을 수 있다. UCLA 농구 감독이었던 존 우든은 평소 선수들에게 득점을 할 때마다 어시스트를 해준 선수에게 미소나 윙크, 고갯짓으로 잘했다며 격려를 해주라고 당부했다. 한 선수가 이렇게 질문했다.

"만약 어시스트한 선수가 안 보이면 어떻게 하지요?"

우든은 대답했다.

"아니야, 그럴 리 없어. 네가 찾으려고 하면 분명히 찾을 수 있어."

둘째, 사실에 근거한 격려를 해야 한다. 그냥 막연하게 잘한다고 격려하기보다 구체적으로 어떠어떠한 부분이 좋다고 이야기해야 한다. 전에 다니던 회사에서 해외 출장을 다녀온 후 쓴 리포트에 사장님이 이렇게 토를 달았다.

"매우 좋은 보고서입니다. 특히 향후 계획이 구체적이고 실행 가능성이 높아 좋습니다. 전원 회람하도록 하세요."

그 격려 덕분에 이후 1년은 정말 열심히 일했던 것 같다.

셋째, 이름을 불러주는 것도 좋은 격려 방법이다. 1960년대 키가 작고 체력이 약한 일본 여자 배구팀이 세계를 제패한 적이 있었다. 그 비결은 감독이 선수를 부를 때 얘, 쟤 하지 않고 존칭을 붙여 이름을 부른 것이 전부였다. 막말을 하고 하대를 하던 예전 감독에 비해 새 감독은 선수 하나하나를 인격체로 인정해준 것이다. 이처럼 이름을 불러주면 존재감이 생기고 친밀감이 높아진다.

넷째, 메모나 편지도 좋은 격려 수단이다. 1980년대 어려움에 처한 포드자동차를 회생시킨 도널드 패터슨 회장은 매일 부하직원들에게 힘을 불어넣는 메모를 적어 전달했다. 그의 말이다.

"메모지나 종이 한 구석에 생각나는 대로 간단하게 한마디씩 적어주었습니다. 글 쓰는 데는 약 10분 정도가 소요되었는데, 사실 이 10분이 내가 하루 동안 한 일 중 가장 중요한 일이었던 것 같습니다."

다섯째, 격려는 진지(sincere)하고, 구체적(specific)이고, 즉각적(immediate)이어야 한다. 음식도 식기 전에 먹어야 하듯 격려할 일이 있으면 그때그때 감동이 식기 전에 해주어야 약효가 있다.

여섯 째, 격려는 나이 많은 사람, 윗사람만 아랫사람에게 하는 것은 아니다. 모든 사람은 격려에 굶주려 있다. 직급이 높고 회사를 책임지는 사람들은 더욱 그러하다. 하지만 그들은 격려해줄 사람이 없다. 이런 상사를 격려해 더욱 경영을 잘하게 하는 것은 직원들의 몫이다. 거창한 것보다는 사소하게 하는 것이 좋다.

"팀장님, 지난 번 미팅 때 하신 스피치 정말 멋지던데요. 어떻게 그렇게 촌철살인의 말을 하실 수 있어요?"

사실 격려에는 왕도가 없다. 모든 사람에게 다 작동하는 그런 격려의 방법도 없다. 한 사람에게는 잘 통하던 방법이 다른 사람에게는 안 통할 수도 있다. 사람들은 모두 다르기 때문이다. 사람이 다르고, 욕구가 다르고, 목표가 다르기 때문에 그런 것이다. 중요한 것은 한 사람 한 사람을 잘 관찰하는 것이다. 그가 어떤 사람인지, 그가 진정으로 원하는 것은 무언지, 그의 강점은 무언지, 어떤 식으로 격려하는 것이 올바른지를 결정하고 실행해야 한다.

비판은 아무나 할 수 있지만 격려는 전문가만이 할 수 있다. 그래서 글로벌 기업의 매니저 교육에는 반드시 '인정하고 격려하기(reward and recognition)'란 과목이 포함되어 있다.

갈등 해결의 키포인트 '마음의 문'

세계적인 글로벌 기업의 아시아 책임자로 임명된 어느 회장님이 내게 자문을 구했다.

"우리 회사는 얼마 전 두 회사가 합병해 지금의 회사가 되었는데, 이로 인해 여러 문제가 있습니다. 특히 중국에서 그렇습니다. 워낙 대국이라 사업과 지역 특성상 세 사람의 사장이 있는데, 서로 협조를 안 하는 겁니다. 그동안은 협조할 이유가 없었습니다. 다들 똑똑한 사람이고, 하는 사업의 성격도 다르니 이해는 됩니다.

본사에서는 중국 시장의 중요성을 생각하여 의욕적인 목표를 주었습니다. 지난번 조직 정비 차원에서 세 사람 가운데 한 사람을 중국 대표로 임명했는데, 리더십 발휘가 전혀 안 되네요. 지난번 회의 때 팀워크의 중요성도 강조하고 위협도 했지만, 제 말이 먹히지 않습니다. 고민 끝에 화해의 장을 마련하기로 했습니다. 다음 주말 그들을 제주도로 불렀습니다. 3일 동안 그들 사이의 갈등과 미움을 해소해야 하는데, 좀 도와주십시오."

내게 이 같은 일은 처음이었다. 어릴 때 친구들을 화해시킨 적은 있었지만 낯선 사람을 상대로, 그것도 글로벌 기업의 책임자를 대상으로 중재해본 경험은 없었다. 고민이 되었지만 재미있는 도전이라는 생각이 들었고 곧장 준비에 들어갔다.

마음의 문을 여는 법

혼자서 여러 구상을 해보고, 책도 읽고, 전문가의 의견도 들었다. 또 만나는 사람마다 그들의 생각과 경험을 물었다. 대강의 초안을 만들고 회장과 함께 몇 차례에 걸쳐 프로그램을 다듬었다. 운영이나 역할과 관련하여 몇 가지 이슈가 도출되었다.

처음에는 교육을 하자는 제안도 있었지만, 아무래도 효과적일 것 같지 않았다. 갈등과 미움이 가득한 사람에게 별 소용이 없을 것 같았다. 가벼운 워크숍 형태로 진행하는 것이 좋겠다는 결론을 내리고, 경치 좋은 장소를 선택했다. 숙소도 바다가 보이는 곳으로 잡았다.

첫날은 스위트룸에서 웰컴 파티를 열었다. 내 소개를 하고 나서 회장님이 프로그램의 목적과 내용을 설명했다. 그리고 와인을 곁들인 식사를 하면서 편안하고 자유로운 대화 시간을 가졌다. 하지만 세 사람 사이에는 냉랭한 기운이 감돌았다. 시선조차 맞추려 하지 않았다. 예상보다 심각한 상태였다.

둘째 날, 첫 프로그램은 개인 미팅이었다. 각자의 사정을 소상히 듣고자 함이었다. 회장이 새로운 자리를 맡긴 했지만 개개인에 대한 파악은 미미한 편이었다. 그들 역시 회장에게 할 이야기가 많을 것 같았다. 한 사람씩 불러 그들의 이야기를 들었다. 회사 전반에 대한 그들의 생각, 서로에 대한 느낌, 갈등 원인에 대해 물었다. 그들이 서로 갈등하고 있다는 사실은 이미 알려져 있었고, 제주도에서 모이게 된 것도 그것 때문임을 잘 알고 있었기에 말문을 여는 데 어려움은 없었다.

중국 대표의 이야기부터 들었다. 척 보기에도 똑똑하고 다부져 보였다. 그는 할 말이 많아 보였다. 그는 "나를 상사로 인정하지 않는다", "전화를 해도 미팅 중이라며 비서가 바꿔주지 않는다", "미팅을 소집해도 핑계를 대면서 불참한다" 등의 불만을 쏟아냈다. 한마디로 중국 대표 해먹기가 너무 힘들다는 것이다. 반면 그를 바라보는 다른 사람들의 시각은 판이했다. 새로 선임된 중국 대표는 너무 제왕적으로 군다, 지금이 어느 시대인데 지시하고 통제하려 드느냐, 해외출장 가는 것까지 참견할 권한은 없다, 덕(德)이 없어 도저히 따를 수 없다, 리더로서 역량이 증명되면 그를 따르겠다…. 참으로 첨예하게 대립된 관계였다. 나는 일체의 반박 없이 듣기만 했다. 그 과정을 통해 각자에 대해 어느 정도 파악할 수 있었고, 그들도 자기 사정을 토로할 수 있었다.

갈등 조정에서 가장 위험한 행위는 한쪽 이야기만 듣고 선입견을 갖는 것이다. 그러면 그릇된 판단을 하게 된다. 들리는 소문이 안 좋아도 철저하게 양쪽 의견을 들어보아야 한다. 다들 나름대로 사정이 있기 때문이다.

오후에는 한라산 등반에 나섰다. 예쁜 배낭에 간단한 음식과 물을 넣어 나누어주고, 두 사람씩 짝을 지어 산에 오르게 했다. 서로에 대해 최대한 알아내라는 과제도 주었다. 영향을 가장 많이 준 사람은 누구인지, 영향을 미친 사건은 무엇인지, 비전이 무엇인지, 가족관계는 어떻게 되는지…. 평소 감정이 그리 좋지 않았던 그들은 등반을 시작하자마자 쌓인 한이라도 풀 듯 큰소리를 내가며 말을 주고받았다. 그렇게 이어진 그들의 대화는 높아지는 고도와 함께 점점 잦아들었다.

산 중턱에서 휴식 겸 식사를 했다. 기막히게 좋은 풍경 속에서 마음이 한결 가벼워지는 걸 느낄 수 있었다. 위로 올라가자 안개비가 오기도 하고, 바람이 세차게 불기도 했다. 일정 시간이 되면 파트너를 바꿔가며 등반을 계속했다. 거의 4시간에 걸친 등반이 끝나갈 무렵, 다소 불편하고 무거워 보였던 그들의 모습은 더 이상 찾아볼 수 없었다.

미움과 갈등의 제1 원인은 서로에 대한 무지다. 잘 모르니 오해가 생기고 알력이 심해진다. 서로를 알면 애정이 생기고, 애정이 생기면 이해

하게 된다. 등반을 하면서 사람들은 서로에 대해 알아갔고, 마음의 문을 열게 되었다. 같이 땀을 흘리고 나니 기분도 달라지고, 심각해 보였던 문제도 별게 아니란 사실을 알게 된 것이다.

갈등을 푸는 주문

셋째 날, 오전에 전체 미팅 시간을 가졌다. 등반을 통해 어느 정도 개인적인 불만을 털어내고 서로에 대해 알게 되었으니, 이제는 공개적으로 이야기를 나누며 갈등을 풀어내려는 의도였다. 무엇에 대해서든, 누구에게든 허심탄회하게 피드백할 것을 주문했다. 단, 몇 가지 원칙을 정했다. 행동에 집중하고 사람은 비평하지 말 것, 막연한 이야기는 하지 말고 구체적으로 표현할 것, 무엇보다 인격을 존중할 것 등이었다.

참으로 대단한 격론이 벌어졌다. 사람을 앞에 두고 그렇게 낱낱이 이야기할 수 있다는 게 신기할 정도였다. 하지만 이미 여러 번 언급되었던 내용인지라 말하는 사람도 듣는 사람도 충격은 덜해 보였다. 어떠한 해결책도 제시하지 않고 그저 서로에 대한 피드백만 했을 뿐이지만, 서로가 서로에 대해 어떻게 생각하는지를 명확하게 알 수 있는 자리였다.

이 세상에 갈등 없는 관계란 없다. 부부 사이에도 친구 사이에도 마찬가지다. 하물며 온갖 이해가 충돌하는 회사 안에서야 오죽하겠는가.

뜨거운 피드백 시간을 끝내고 그들에게 다음과 같이 주문했다.

"서로 친구가 되라는 것이 아니다. 하지만 이런 식의 감정과 갈등을 가지는 것은 조직에 큰 피해를 끼친다. 지금까지 그랬다. 여러분의 오해에는 여러 가지가 작용했다. 서로 다른 방식으로 일해온 것, 개인의 차이, 제도적 측면…. 중요한 것은 앞으로 이런 문제를 어떻게 최소화하여 조직 성과를 최대화할 것인가이다. 여러분끼리 논의하여 어떻게 협조하고 커뮤니케이션을 활성화할 것인지 방안을 내놓아라. 3시간 동안 논의한 뒤 그 결과를 같이 이야기하자."

3시간 후 그들의 논의 결과를 들었다. 완벽하지는 않았지만 나름대로 문제점을 정확히 보았다는 느낌을 받았다. 해야 할 일과 하지 말아야 할 일, 개인이 할 일과 조직 차원에서 할 일, 협조해야 할 일과 각자 해야 할 일을 명확히 정리했다. 앞으로 이런 식으로 일을 함으로써 조직의 목표를 달성하겠다는 다짐도 했다.

마지막 식사를 하면서 모두 흡족한 기분이었다. 서로에 대해 많이 알게 되어 오해가 풀렸으며, 최소한의 가이드라인을 만들었고, 앞으로 좋은 성과를 낼 수 있으리라는 기대감이 생겼기 때문이다.

갈등 종결자

나는 그들이 갈등을 풀어가는 과정을 지켜보면서 몇 가지 교훈을 얻었다.

첫째, 세상에 풀지 못할 문제는 없다는 것이다. 그들은 국비유학생 출신으로 엘리트 중의 엘리트였다. 이런 사람들 사이의 갈등은 특히나 풀기가 어렵다. 하지만 마음의 문을 열고 이야기하면서 서로 통할 수 있다는 가능성을 발견하게 되었다.

둘째, 갈등 해결을 위해서는 각자에게 소명의 기회를 주고 충분히 들어주어야 한다는 사실이다. 사람들은 저마다 사정이 있고, 그 사정에 대해 다른 사람의 동의를 구하고 싶어 한다. 그것을 가능하게 하는 통로를 만들어야 한다. 이를 통해 감정의 카타르시스가 일어나고 해결의 실마리를 찾을 수 있다.

셋째, 열린 상태에서 풀어가야 한다는 것이다. 사람은 갈등이 있을 때 그것을 인정하기보다 감추려 들고, 적극적으로 풀기보다 애써 참으려고 한다. 또 그렇게 하라고 충고하기도 한다. 하지만 갈등은 숨기거나 참는다고 없어지는 것이 아니다. 참고 감출수록 갈등은 증폭되고 시한폭탄이 되어 조직을 붕괴시킨다. 문제를 해결하는 최선의 길은 그것을 드러내는 것이다. 병도 알리면 치료법이 나오듯이 갈등도 드러내면 푸는 법이 생긴다.

넷째, 호스트의 중요성이다. 갈등 해결의 종결자는 역시 회장이었다. 그는 모든 과정을 주재했다. 좋은 질문을 던지고 열심히 들어주었다. 첨예하게 대립된 관계에서 어느 쪽을 편들지 않고 중립적인 입장을 견지했다. 그러면서도 중간중간 윤활유 역할을 자처함으로써 자칫 험악해질 수 있는 분위기를 부드럽게 이끌었다.

　갈등이 있을 때 리더가 택할 수 있는 길에는 몇 가지가 있다. 모른 체하거나, 당사자들을 떼어놓거나, 적극적인 중재로 갈등을 해소하는 것이다. 그런데 갈등을 제대로 관리하지 못하는 리더를 리더라고 할 수 있을까? 리더에게는 갈등중재 능력이 있어야 한다.

리더가 가장 조심해야 할 것

워크숍 진행은 내가 하는 여러 일 중 하나다. 그동안 비전 만들기, 갈등 해소, 커뮤니케이션 활성화, 부서 간 장벽 없애기, 스마트워크, 한 방향 정렬 워크숍 등 수많은 워크숍을 진행했다. 근데 그때마다 한 가지 이슈가 있다. 사장님의 참석 여부다.

사장님이 참석하는 게 좋은지, 안 하는 게 좋은지는 늘 논란거리다. 정답은 없다. 그동안 참석한 사람도 있고 그렇지 않은 사람도 있다. 참석해서 뒷짐만 지고 있는 경우도 있고 적극 참여하는 경우도 있다. 맨 마지막 발표 시간에만 참석하여 코멘트만 하는 경우도 있다. 참석 여부 결정의 기준은 뭘까?

간단하다. '어느 것이 워크숍 진행에 도움이 되겠느냐'는 것이다. 상황에 따라 다르다. 사장님이 들어오는 순간 사람들이 긴장해서 제대로 이야기하지 않는다면 참석하지 말아야 한다. 사장이 있건 없건 자기 이야기를 자유롭게 할 수 있는 조직이면 상관없다.

참석한 후 사장님의 태도도 중요하다. 방관만 할 것인가, 참여해서 주도까지 할 것인가? 여기에는 정답이 있다. 참여는 하되 가능한 한 의견은 이야기하지 않는 것이다. 왜 그럴까? 사장이 자기 의견을 이야기하는 순간 다른 의견은 숨을 가능성이 높기 때문이다.

리더는 빠져라, 최상의 결정을 원한다면

예전에 자동차회사에서 일할 때의 경험이다. 신차 개발에서 중요한 과정 중 하나는 디자인 확정이다. 수많은 디자인이 올라오면 그중 몇 개를 추리고 회장님을 모신 상태에서 여러 임원들의 논의를 거쳐 최종 디자인을 확정한다. 이 회의는 PM(program manager, 신차 책임자)들에게 아주 중요하다. 어떤 디자인으로 결정되는지가 향후 가격을 비롯한 설계, 생산, 구매, 판매 등 후속 공정에 지대한 영향을 미치기 때문이다. 이때 회장님이 제일 조심해야 할 것은 무엇일까?

자기 의견을 절대 먼저 말하면 안 된다는 것이다. 회장님이 먼저 말하면 건설적인 논의가 이루어지지 않는 부작용이 따른다. 정치 성향이 강한 책임자는 모델 선정에 따른 모든 문제점을 덮을 것이고, 좋은 섬만을 부각하면서 회장님 안목의 탁월함을 칭송할 것이다. 본인 생각과 전혀 달라도 맞서는 대신 상사의 의견을 따를 것이다. 위험한 일이다.

흑인의 핸디캡을 극복하고 미국 국무장관이 된 콜린 파월은 취임 초기 별다른 이야기를 하지 않았다. 주장도 없었다. 다만 수많은 질문만 했다. 주제와 관련한 내용을 확인하고 명확히 하는 수준의 말만을 했다. "당신이 한 말이 무슨 말인가요? 당신이 말한 것은 이런데, 나는 이런 경험을 했습니다. 이 두 가지를 비슷하게 봐도 될까요?" 하는 식이었다. 자기 의견을 말하기 전 사람들 의견을 먼저 들어야 하고 이를 위해서는 말 대신 질문을 해야 한다는 사실을 알고 있었다. 지위와 직급이 어떤 것인지 터득하고 있었던 것이다.

케네디 대통령은 소련의 쿠바 미사일 사태라는 국가 비상시기 때 공격 수위를 결정하는 백악관 최고전략회의에 의도적으로 참석하지 않았다. 국가의 주요 결정에 대통령의 개인적 성향이나 편견이 끼어들면 자칫 올바른 판단을 그르칠 수 있다는 생각에서다. 당시 상황은 미소의 핵 충돌과 3차 대전까지 거론될 정도로 일촉즉발의 초긴장 상태였다. 대통령이 없는 회의에서 군사, 외교, 전략의 최고 전문가들은 자유로이 격론을 벌였고 객관적이고도 냉정한 결론을 도출해냈다. 사태는 소련이 백기를 들고 후퇴함으로써 미국의 완승으로 끝났다. 당시 전략회의를 주재했던 케네디 대통령의 동생 로버트 케네디 법무장관은 대통령의 회의 불참이 편견 없이 최선의 결정을 이끌어내는 데 큰 도움이 되었다고 술회했다.

이후 대통령은 회의 결론에 따라 결단을 내리고, 국민과 국회를 향해 설명함으로써 국론을 한 군데로 결집시키는 데 심혈을 기울였다.

상사가 자기 의견을 먼저 말하면 대부분 사람들은 상사의 편에 서게 된다. 그러면 그렇고 그런 뻔한 이야기만 나온다. 한비자는 일찍이 "군주는 자신이 바라는 것을 밖으로 드러내지 말아야 한다"고 말했다. 군주가 바라는 바를 드러내면 신하는 그에 맞춰 잘 보이려 꾸미기 때문이다.

장군으로 진급한 사람에게 달라진 점을 물었다. 잠시 생각하던 그는 이렇게 말했다.

"이상하게 주변에 웃는 사람 숫자가 늘었어요. 별로 재미난 이야기를 한 것도 아닌데 자꾸 웃음을 띠는 겁니다."

사람은 자기도 모르게 권력을 가진 사람 앞에서 미소를 짓게 된다. 무의식적으로 잘 보이고 싶어진다. 하물며 높은 사람이 의견을 내는데 밑에 있는 사람이 따르지 않을 수 있으랴.

당신 조직은 어떤가? 부하직원들이 웃는다고 자신의 생각을 밀어붙이고 있지는 않는가?

무엇이 의사결정을 완벽하게 하는가

한 지인이 멀쩡히 다니던 회사를 그만두고 서울 근교에 헬스장을 차렸다가 몇 년 만에 수억을 까먹고 다른 회사에 취직했다. 그 과정에서 물질적 정신적으로 많은 손해를 입었다. 내가 볼 때 그 사람은 절대 사업할 그릇이 아니다. 시야도 좁고, 사교성도 없고, 더더욱 사업 감각은 약에 쓰려 해도 없는 사람이다. 그에게는 예상치 못한 일이 너무 많았다. 빌딩 주인과의 문제, 경쟁자의 등장, 마케팅의 어려움, 직원들로 인한 문제 등등. 하나를 해결하면 또 다른 문제가 터져서 헬스장을 하는 내내 속을 썩였다. 그러다 결국 문을 닫았다. 정말 비싼 수업료를 낸 셈이다.

얼마 전 망한 모 그룹 일도 생각할수록 안타깝다. 많은 사람들이 추앙하던 신화적 인물이 어떻게 그런 말도 되지 않는 의사결정을 했을까?

도대체 그런 결정을 할 때 주변 사람들은 무엇을 했을까? 다른 의견을 내기는 했을까, 아니면 말도 꺼내지 못하는 분위기였을까? 그러면서 문득 외환위기 때 무너진 다른 그룹 생각이 떠올랐다. 다들 살아남기 위해 알짜 회사를 팔아 현금을 확보하는 상황에서 그 그룹은 무리하게 다른 회사를 인수하다 현금 흐름 때문에 무너졌다. 그때도 역시 그 회장은 다른 사람들의 이야기를 듣지 않았다고 한다.

만약 그들이 사전에 전문가에게 조언을 구했다면 어땠을까? 조언을 받아들여 실천에 옮겼다면 결과는 달라졌을 것이다. 최소한 망하는 일은 없었을 것이다.

얼마 전 모 기업의 리더십 평가를 진행했다. 사실 평가의 필요성이 없는 회사다. 큰 회사도 아니고 팀장급 이상은 회장이 확실하게 알고 있기 때문이다. 근데도 내게 이렇게 부탁했다.

"시간이 지날수록 사람 보는 내 눈을 믿을 수 없어요. 괜찮다고 생각해서 썼는데 성과를 내지 못하는 친구도 있고, 성과는 내는데 부하직원들을 못살게 해서 좋은 직원을 놓치는 친구도 있고, 반대로 나한테 찍혔지만 역량이 있는 친구들도 있을 것 같은데 그 일을 좀 해주세요."

그래서 프로젝트를 수행했다. 사전에 회장은 인물별로 자기 의견을 이야기했다. 사실 난 좀 의아했다. 그렇게 빠삭하게 조직을 파악하는 사람이 무엇 때문에 비싼 돈을 들여 재평가를 할까? 하지만 프로젝트가 끝난 후 회장의 본심을 알 수 있었다. 그분은 알고 있었지만 전문가의 의견을 듣고 싶었던 것이다. 자기 생각이 맞는지 확인하고 싶었던 것이다.

결정을 내리기 전에 반드시 해야 할 일

우리 삶은 의사결정의 연속이다. 독단적인 의사결정은 자칫 조직을 위험에 빠뜨릴 수 있다. 당신은 지금 어떠한가? 어떤 결정을 앞두고 있는가? 그 결정에 따른 리스크는 생각해보았는가? 최선의 결정이라고 생각하는가? 주변 사람들의 의견은 어떠한가?

완벽한 의사결정은 없다. 하지만 그 과정에서 위험을 최소화할 수는 있다. 바로 다양한 전문가들의 이야기를 들어보는 것이다.

AES라는 전력회사는 조언 프로세스를 만들었다. 의사결정 전 반드시 그 분야에 지식이 있는 동료로부터 조언을 구하도록 하는 것이다. 여기서 가장 중요한 것은 누가 의사결정권자가 되는가 하는 문제다. 대개는 제기된 이슈에 가장 큰 영향을 받거나, 아이디어를 개진했거나, 문제점을 발견한 사람 중에서 결정한다. 불분명할 경우에는 리더가 한 사람을 선발하여 조언을 얻고 최종 결정을 내리도록 한다. 이렇듯 결정권자는 어떤 문제에 대해 결정을 내리기 전 반드시 리더나 동료나 전문가들로부터 조언을 받아야 한다.

조언 프로세스를 활용하면 다음과 같은 점이 좋다.

첫째, 조언 부탁을 받은 사람은 즉시 그 문제 속으로 들어갈 수 있다.

조언을 위해 학습하게 되고, 전문성을 갖출 수 있다. 자신이 존경받고 필요한 존재라는 인식을 하게 된다. 또한 정보 공유를 통해 공동체 의식을 강화한다.

둘째, 조언을 구하면 즐거운 일터가 된다. 조언을 구한다는 것은 나는 겸손하다, 당신 도움이 필요하다고 말하는 것과 같다. 결정권자와 조언자가 친밀하게 된다.

셋째, 의사결정은 현장학습이다. 조언은 상황을 이해하고 결과물에 대해 관심을 갖는 사람들로부터 나온다. 어떤 교육도 이 경험과 비교할 수 없다.

넷째, 전통적인 하향식 결정보다 더 나은 결정을 내릴 가능성이 높다. 의사결정자는 누구보다 문제에 가까이 있어 해결에 유리하며 결과를 책임져야 하는데, 예상치 못한 결과의 경우 조언을 통해 보완할 수 있다.

다섯째, 의사결정자에게 조언 프로세스는 순수한 즐거움이다. 팀 경기의 즐거움을 맛볼 수 있다.

중요한 결정을 앞두고 있는가? 회사 안에 조언의 문화를 구축하라. 조언 프로세스를 만들어라. 쓴소리할 사람을 구하라. 그리고 그의 조언을 들어라. 조언이 당신을 구하고 조직을 구할 것이다.

조직의 건강진단서를 체크하라

　망하는 회사의 특징 중 하나는 회의가 많고 길다는 것이다. 뭔가 문제가 생기고 일이 풀리지 않으니까 자꾸 모여 이야기를 하게 된다. 하지만 그런다고 문제가 해결되지는 않는다. 회의 중간에 담배를 피우는 장소에 가보면 바로 알 수 있다. 사람들은 이런 얘길 주로 한다.
　"회의를 한다고 문제가 해결되겠어? 근본적인 문제점은 이야기하지 않고 엉뚱한 이야기를 하니 이야기가 자꾸 겉돌잖아. 무엇 때문에 이렇게 영양가 없는 회의를 계속하는 거야?"
　회의를 해봤자 아무것도 나아지지 않는다는 것을 모두 알고 있다. 다만 다른 사람 눈치를 보느라 참고 있는 것뿐이다. 꽉 막힌 조직의 특성이다. 이런 조직에서는 문제를 알아도 나서는 사람이 없다. 평지풍파를 일으키고 싶지 않기 때문이다. 그러다가 문제가 곪아 터지고 나면 도대체 원인이 뭐냐, 해결책을 찾아라 하며 우왕좌왕한다. 엄청난 비용이 들어간다. 그래서 조직을 운영하는 사람은 소통이란 말을 입에 달고 산다. 하지만 소통의 중요성을 강조한다고 소통이 되는 것은 아니다. 어떻게 해야 소통되는 조직을 만들 수 있을까?

첫째, 솔직한 이야기를 주고받을 수 있는 문화를 만들어야 한다. 사람은 영물(靈物)이다. 세 살짜리 아이도 집안의 실세가 누구이고, 어떤 행동을 해야 자신이 원하는 것을 얻을 수 있는지를 본능적으로 알아차린다. 아이가 떼를 쓰고 소리를 지르고 우는 것은 목적 달성을 위해서다. 몇 번의 경험을 통해 가만있어서는 아무것도 얻을 수 없다는 것을 파악했기 때문에 나오는 행동이다. 하물며 성인이 된 우리는 어떠할까.

어느 조직의 리더가 한탄을 한다. 직원들이 입을 열지 않아 고민이라는 것이다. 그래서 할 수 없이 자기라도 이야기를 한다는 것이다. 그런 이야기를 들을 때마다 이런 생각이 든다.

'사람들이 입을 닫고 있는 것이 문제는 아니다. 왜 사람들이 입을 닫고 있는지 원인을 파악해 입을 열게끔 하면 된다.'

사람들이 침묵으로 일관하는 것은 침묵하는 것이 뭔가 자기 생각을 표현하는 것보다 이익이 된다고 생각하기 때문이다. 이를 개선하려면 그 원인을 찾아 침묵하는 것이 더 손해라는 것을 보여주면 된다.

조용히 불러 일침을 가하라

둘째, 참여를 유도할 수 있어야 한다. 일방적으로 강의를 들을 때는 조는 사람들이 많다. 반면 일정 주제를 주고 일대일로 이야기를 나누라고 하면 조는 사람이 사라진다. 이야기를 하다 자는 사람은 없다. 인간은 일방적으로 듣는 것보다 자기가 이야기하는 것을 좋아한다. 학창 시절을 떠올려보라. 교장선생님의 훈화를 들어야 하는 시간은 얼마나 지루했던가. 이 같은 지루함을 없애는 최선의 길은 참여를 유도하는 일이다. 이런 문제를 해결하고 싶은데 당신들 의견은 어떤지 듣고 싶다고 이야기해보라. 아마 사람들은 눈을 반짝이며 온갖 아이디어를 낼 것이다. 참여를 유도하는 질문이 사람들의 당면 문제가 되어 소통을 일으키는 것이다.

그렇기 때문에 리더는 '지금의 이슈에 구성원들의 관심이 어떠한가? 참여를 유도하고 싶은데 이를 위해서는 어떤 일을 해야 할까?'를 고민해야 한다.

셋째, 건설적인 피드백이다. 분위기를 만들고 참여를 유도했다고 해서 바로 소통하는 조직이 되지는 않는다. 소통의 의미를 잘못 파악한 사람들이 무조건 자기 의견을 내놓을 수도 있다. 말하는 사람만 말하고 나머지는 모두 침묵할 수도 있다. 엉뚱한 자기 의견을 전체 의견인 양 몰아가는 사람도 있다. 잘못하다간 배가 산으로 올라갈 수도 있다. 이때 중요한 것이 건설적인 피드백이다. 피드백은 잘하는 것은 잘한다고 이야기하고 잘못하는 것은 잘못했다고 이야기하는 것이다. 만약 한 사람이 너무 자기주장을 세게 하고 다른 사람 의견을 듣지 않는다면 그 사람을 조용히 따로 불러 그에 대해 일침을 가해야 한다. 회의 시간 내내 한마디도 하지 않는다면 마찬가지 피드백을 해야 한다. 그렇게 함으로써 조직에 활기를 불어넣고 잘못된 행동의 반복을 막을 수 있다.

통제 불능인 아이들은 대부분 부모의 피드백을 받지 못한 채 자랐기 때문에 그렇게 된 것이다. 오냐오냐 하며 키웠기 때문이다. 만약 아이들이 잘못된 행동을 할 때 거기에 대해 따끔하게 이야기를 했다면 그 지경까지 이르지는 않았을 것이다.

조직의 소통 상태가 어떠한지는 회의 진행이나 회식 운영을 보면 금방 알 수 있다. 만약 귀곡산장 같은 느낌을 준다면 상태가 심각한 것이다. 반대로 누구나 자기 이야기를 솔직하게 털어놓고 다른 사람 이야기에 귀를 기울인다면 건강한 조직이다. 당신 조직은 어떠한가?

우리는 아직도 서로를 그리워한다

상사가 있어야 움직이는 조직이 있다. 상사가 있으나 없으나 상관없이 움직이는 조직도 있다. 상사가 오는 걸 반가워하는 조직이 있는가 하면 상사가 오면 분위기가 싸늘해지는 조직도 있다. 모두가 상사 하기 나름이다.

나는 최고경영자과정 주임교수를 몇 년간 맡았다. 일주일에 한 번씩 80분 성도의 회원을 모시고 과정을 진행하는데 쉬운 일이 아니다. 그중에서도 마케팅이 가장 어렵다. 신문에 광고를 낸다고 오지 않는다. 철저하게 입소문과 추천에 의해 움직인다. 추천이 있어도 팔로업하지 않으면 안 된다. 한 분 한 분 정성을 쏟아야 모실 수 있다. 좋은 분을 모시는 만큼 맞지 않는 분들을 적절하게 디마케팅하는 것도 중요하다. 적절치 않은 사람이 한 명 있으면 분위기가 망가지기 때문에 사전에 철저히 필터링한다.

　모시고 난 다음의 운영도 만만치 않다. 최상위층 분들인 만큼 과정에 매력을 느끼게끔 해야 한다. 투자한 보람을 찾을 수 있게 해야 한다. 최고의 강의와 분위기, 사귈 가치 있는 회원은 필수조건이다. 만약 강의가 시원치 않거나 뭔가 불만이 생기면 출석률이 떨어진다. 회원은 불만을 겉으로 드러내지 않는다. 그래서 세밀하게 관찰하고 준비해야 한다. 회원들끼리의 교류에 대해서도 알고 있어야 한다. 상호관계가 불편하면 그것이 과정에 대한 불편으로 연결되기 때문이다. 무엇보다 분위기를 잘 만드는 것이 중요하다. 너무 많이 끼어들어도 안 되고 그렇다고 뒷짐 지고 빠져 있어도 곤란하다. 분위기가 다운되면 띄우고, 너무 과열되면 적절히 식혀야 한다.

　최고경영자과정은 남들이 보기에 별것 아닌 것 같아도 운영자 입장에서는 늘 촉각을 곤두세워야 한다. 그래서 한 주 운영하고 나면 온몸의 힘이 다 빠져나간다. 혼자 힘으로는 불가능하고 운영팀장을 포함한 스태프 3명의 도움을 받는다. 처음에는 시행착오가 있었지만 몇 년 같이 운영을 하고 나니 손발이 척척 맞는다. 분위기가 더할 수 없이 좋다. 우리 팀에는 늘 웃음소리가 그치지 않고 새로운 아이디어가 샘솟는다. 정도 많이 들어 가족 같은 느낌이다. 뭐라 잔소리 할 일도 없고 이걸 해라 저걸 하지 마라 말한 기억도 없다. 알아서 움직인다. 정말 고마운 일이다.

내가 이들을 위해 해준 일은 월요일마다 밥 사주고 관심을 가져주는 것이다. 새로 남자친구를 사귄 팀원에게는 매주 진도 체크를 한다. 얼마 후 결혼을 한다고 하니 다들 자기 일처럼 기뻐한다. 뒤늦게 아기를 낳은 팀장에게는 아기의 근황에 대해 묻고 때때로 필요한 물건을 선물하기도 한다. 아직 남자친구가 없는 팀원에게는 어떻게 남자친구 하나 없냐고 구박(?) 아닌 구박을 한다. 괜찮은 남자를 볼 때마다 그 팀원을 생각한다. 팀원들을 좋아하는 나는 그들의 일거수일투족에 관심이 많다. 그들 역시 내게 비슷한 관심을 보인다.

그러다 전화를 한 통 받았다. 교육을 하는 곳인데 강의를 청탁하고 싶단다. 그래서 날짜는 언제고 대상은 누구냐고 진지하게 물었더니 저쪽에서 낄낄대는 소리가 들린다. 알고 보니 팀원 중 한 명이 내게 장난전화를 한 것이다. 이 일을 갖고 얼마나 웃었는지 모른다. 한번은 과정을 운영하는 호텔에서 어떤 고객과 상담을 하고 있는데 창가 쪽으로 우리 팀원 셋이 지나가면서 사진을 찍고 손을 흔들며 웃는다. 내가 약속이 있다는 것을 알고 그런 장난을 친 것이다. **팀원들이 나를 대상으로 장난치고 농담하는 것을 보면서 내심 흐뭇했다. 일정 경지에 올랐다고 판단했기 때문이다. 이 정도 되면 내가 일을 어떻게 하라 마라 할 필요가 없다는 생각이 들었다.**

리더십은 사람의 마음을 움직여 조직의 목표를 달성하는 것이다. 마음을 움직이지 못하는 리더일수록 잔소리와 협박에 의해 조직을 움직인다. 방법을 바꾸어보길 권한다. 마음을 움직이면 몸은 저절로 따라 움직인다.

우리 팀원들을 보며 깨달은 사실이다. 지금은 과정도 끝나고 팀도 해체되었다. 하지만 우리는 서로를 그리워한다.

사장실의 위치를 보면 회사 견적이 나온다

 기업체 강의를 많이 하는 나는 사무실 구경을 좋아한다. 아니, 사무실 공간을 통해 그 회사의 모습을 살펴보는 취미가 있다. 사무실만 봐도 그 회사의 많은 것을 알 수 있다.
 우선, 사장이나 임원 사무실의 위치다. 보통 높은 사람들일수록 전망 좋은 층을 차지한다. 당연히 회장님은 제일 높은 층의 펜트하우스에 있다. 관료적인 회사일수록 회장님 전용 엘리베이터가 있고, 임원 전용층이 있다. 직원들에게 높은 사람들은 높은 층에 사는 사람들이다. 일반 직원들이 소통하기도 쉽지 않다. 아예 접근 불가능인 경우도 있다. 사무실 자체가 권위를 상징한다. 그렇지 않은 회사도 있다. 높은 사람이 제일 낮은 층 혹은 입구 쪽에 있는 경우도 있다. 삼각지에 있는 지방행정

공제회가 그렇다. 그래야 고객들이 찾기 쉽다고 생각하기 때문이다. 그 철학이 신선하다.

둘째, 독방의 유무다. 높은 사람들의 공통점이 뭔지 아는가? 바로 독방에 있다는 거다. 아랫사람들은 공동 사무실을 쓴다. 행동에 제한이 없고 일정도 알아서 짠다. 위로 올라가면 독방에 가두고 간수를 붙인다. 간수가 일거수일투족을 감시한다. 전화도 간수를 통해 하고, 일정도 간수가 통제한다. 나가고 들어갈 때마다 간수에게 보고를 한다. 직급이 올라갈수록 간수의 숫자가 늘어난다. 움직일 때도 혼자 움직이지 못한다. 앞뒤로 줄줄이 사람들을 데리고 다닌다.

셋째, 사무실 크기다. 살림이 풍요로우면 거기에 따라 사무실도 커지고 집기도 화려해진다. 문제는 사장님 방만 그렇게 된다는 것이다. 직원들은 옹색한 사무실에 다닥다닥 붙어 있어 숨 쉬기조차 어려운데 회장님 혼자서 한 층 전체를 다 쓰는 회사가 있다. 사무실 따로, 접견실 따로, 비서도 몇 명씩 두고 있다. 반면에 M&M 초콜릿과 스니커즈, 펫사료를 만드는 마즈 같은 회사에는 독방이 없다. 회장이나 신입사원이나 책상 사이즈가 똑같다. 사무실에 뭉치라는 개까지 돌아다닌다. 아무리 펫사료를 만들지만 회사 분위기를 상상할 수 있다.

넷째, 밝기와 창문의 유무다. 어느 사무실은 침침하다. 들어가는 순간 기분이 다운된다. 어느 사무실은 밝고 환하다. 들어가는 순간 기분이 좋아진다. 특히 강의실은 밝기가 중요하다. 창문이 있어야 한다. 없으면 답답하고 숨이 막힌다. 한번은 지방 도청에서 강의를 하는데 커튼이 모두 쳐져 있었다. 담당자 말이 강의를 할 때 한 번도 커튼을 올린 적이 없단다. 올려달라고 부탁했더니 바깥 경치가 그렇게 좋을 수 없다. 마침 가을이라 단풍이 정말 아름다웠다. 덕분에 멋진 강의가 되었다.

사무실을 좁히고 복도를 넓혀라

옛날에 비해 동네 주민들 간 소통이 없어졌다. 아래윗집에 살지만 알고 지내는 경우가 드물다. 인사도 안 하고 심지어 누가 사는지도 모르고 지낸다. 대부분 인간성이 메말랐다는 식으로 매도한다.

난 생각이 다르다. 아파트 구조가 큰 역할을 한다고 생각한다. 사람들끼리 만날 수 있는 공간이 없기 때문이다. 만약 옛날식으로 아파트 중앙에 우물과 빨래터를 만들고 모든 주민이 거기 와야 물을 길을 수 있고 빨래를 할 수 있게 한다면 어떨까를 상상한다. 주민 간 소통이 원활해지고 사이도 돈독해질 것이다.

사는 환경이 소통의 정도를 결정한다. 사무실도 그렇다. 구조에 따라 소통이 달라진다. 사무실 배치는 소통과 집중이 핵심이다. 둘을 어떻게 적절히 조화시키느냐가 관건이다. 집중할 때는 집중하고, 소통할 때는 쉽게 소통할 수 있어야 한다. 정답은 없다. 업의 특성, 회사 상황, 인원수에 따라 다를 수 있기 때문이다. 하지만 몇 가지 기준은 있다.

먼저 물리적 거리를 생각해야 한다. 같은 곳(co-location)에서 일할 수 있고 거리가 짧으면 베스트다. 물리적으로 상호작용이 잘 일어나게 하는 것이 핵심이다. 여러 방법이 있다. 사무실은 '각자 또 함께'라는 철학을 구현할 수 있어야 한다. 각자 독립적으로 근무하지만 마음만 먹으면 함께 만날 수 있는 장소가 곳곳에 있는 것이 좋다. 아니, 마음을 먹지 않아도 자연스럽게 직원들이 섞일 수 있는 장소가 있어야 한다. 사무 공간에서 일어나는 커뮤니케이션의 80%는 의도하지 않은 상태에서 일어나기 때문이다. 보지 않으면 생각이 안 나지만 보는 순간 협조할 일, 물어볼 말이 생각난다. 자연스럽게 업무 협조가 일상적으로 이루어진다. 그런 면에서 '방은 작게, 휴게실은 크게' 하는 것이 좋다. 휴식은 달콤하게, 일은 칼같이 할 수 있게 말이다.

일본의 조미료회사인 아지노모도는 사무실이 좁고 복도는 무지 넓다. 오다가다 쉬면서 이야기를 나누라는 의미다. '창의는 우연한 발견(serendipity)에서 나온다'는 생각으로 지식의 충돌과 융합을 촉진하여 직원들의 창조성을 최대한 끌어내겠다는 뜻이다. 연구실을 좁게 한 것은 최대한 집중해서 책상 위에 온 신경을 쓰라는 것이다.

계속 헤매던 크라이슬러가 네온(NEON)이란 차를 히트시킨 것도 공간에서 비롯되었다. 네온의 개발 책임자는 성공 원인의 하나로 새로 지은 연구소 구조를 언급했다. 자동차 개발은 기획, 설계, 시작, 시험, 생산 등 수많은 부서가 협조를 해야 하는데, 건물 가운데 자연스럽게 만나는 공간 덕분에 캐주얼한 소통이 자연스럽게 일어났고 덕분에 개발 기간도 짧아지고 초기 품질이 좋아졌다는 것이다.

수평 못지않게 수직적인 소통도 중요하다. 층과 층 사이에 에스컬레이터를 설치하는 것도 방법이다. 서로를 보게 하는 것도 좋다. 코닝은 최근 완공한 3층 규모의 데커빌딩에 이를 실현했다. 1층부터 3층까지 아트리움을 설치했다. 어느 층에 있든지 다른 층을 보는 것이 가능하다. 에스컬레이터 설치로 층간 커뮤니케이션이 활발해졌다. BMW도 연구소 건물을 그렇게 지었다. 그 결과 5시리즈와 7시리즈 팀 사이에 커뮤니케이션이 활발해졌다.

소통이 원활한 조직의 공간 활용

물리적 거리와 함께 공간의 활용도 생각해볼 수 있다. 일본의 링크앤드모티베이션 컨설팅펌은 모두가 자유석이다. 개인사물함만 있다. 대신 방마다 특색이 있다. 사고, 회의 혁신을 위한 콜럼버스룸, 식음, 창조 공간…. 이런 식으로 이들은 'place management'라는 공간 관련 컨설팅도 시작했다.

NHN은 건물에 흡연실을 따로 만들었다. 단순히 담배를 피우는 것이 아니라 담배를 피우면서 여러 좋은 아이디어를 나눌 수 있다고 생각했기 때문이다.

모든 의사결정이 공식 채널만을 통해 이루어지면 생산성이 떨어진다. 소통은 자연스럽게 이루어지게끔 하는 것이 좋다. 쉽게 섞이고 사람들 간에 화학반응이 잘 일어나게끔 만들어야 한다. 에릭슨연구소가 지식장터(knowledge marketplace)를 만든 이유다. 오전 10시에서 15분간, 오후 3시부터 15분간이다. 전 직원이 차를 마시며 잡담을 나눈다. 단 업무 이야기는 할 수 없다.

시대 변화에 따라 사무실도 변해야 한다는 철학을 실천하는 대표적인 기업은 의류시장의 혁신아 유니클로다. 도쿄 유니클로 본사에는 700여 명이 근무한다. 이곳에는 4가지가 없다. 첫째, 개인 책상이 없다. 사무실엔 4~5명이 함께 둘러앉을 수 있는 라운드테이블이 여기저기 있다. 출근하면 사물함에서 사무용품을 챙겨 빈자리에 앉는다. 유선전화 대신 개인 고유번호가 있는 사내용 PCS휴대폰을 이용한다. 외출하거나 퇴근할 때는 개인용품을 사물함에 넣어두고 나간다. 둘째, 회의실에 의자가 없다. 회의를 모두 서서 한다. 서서 회의를 하면 빨리 끝난다. 오래 하면 피곤하기 때문이다. 보통 10분 내에 끝난다. 핵심만 짚고 각자 할 이야기만 하고 끝낸다. 셋째, 업무 중 대화가 없다. 일과 중에는 회의나 전화통화 외에 옆자리 동료와 이야기를 주고받는 경우가 거의 없다. 집중업무실에서는 특히 그렇다. 이곳에 들어가 있으면 아무도 말을 걸 수 없다. 휴대폰도 끄고 들어가야 한다. 넷째, 오후 7시 이후 조명이 없다. 오후 7시 정각이 되면 자동으로 꺼진다. 모든 직원은 그 이전에 반드시 퇴근해야 한다. 절대 야근하지 말라는 조치다. 이것이 이른바 스마트오피스다.

얼마 전 천지세무법인이란 회사를 방문했다. 새로 이사하면서 스마트오피스로 꾸민 곳이다. 들어서니 범상치 않았다. 입구 쪽에 예쁘게 꾸민 계단식 강의실이 있다. 좁은 공간을 최대한 활용했다. 고정석이 없었다. 심지어 사장방도 없었다. 회사보다는 고객을 방문하라는 취지다. 웬만한 것은 다 공용이다. 복사기도 수십 대에서 두 대로 줄였다. 매뉴얼, 사무용품도 다 공용이다. 독방이 몇 개 있긴 했다. 회의를 하는 곳이다. 포커스룸이란 곳은 방해받지 않고 일하기 위한 곳이다. 그곳에 사람이 있을 때는 방해하면 안 된단다. 박점식 회장에게 가장 좋은 점이 뭐냐고 물었더니 이런 답변이 돌아왔다.

"많은 장점이 있습니다. 공간 활용이 늘고, 불필요한 물건이 줄어들고, 생산성이 높아집니다. 근데 최고의 장점은 바로 소통입니다. 예전에는 부서끼리 따로 앉았고 회의 때나 서로 이야기를 했습니다. 지금은 다릅니다. 매일 옆 사람이 바뀝니다. 필요하면 그 사람 옆으로 자리를 옮겨 일하면서 자연스럽게 대화를 합니다."

사람은 환경의 지배를 받는다. 앞으로는 하루 종일 사무실을 지키는 사람들이 대폭 줄어들 것이다. 회사도 클럽하우스처럼 변신할 가능성이 높다. 다들 알아서 일을 하게 될 것이다. 집에서 하건, 스타벅스에서 하건, 자신의 오피스텔에서 하건….

당신은 지금 사무실에 만족하는가? 만약 고친다면 어떻게 고치고 싶은가?